リフォーム
カレッジ

中古
マンション篇

かしこい購入方法から快適リフォーム術まで徹底ガイド

# 「中古
# マンション購入
# ×
# リフォーム」で

## 理想の住まいを手に入れる!

三井のリフォーム 住生活研究所 所長 **西田恭子**［著］

アーク出版

# はじめに

先日、知人の息子さん夫婦から「家を買いたいのですが……」と相談を受けました。まだ30代の若夫婦ですから、ローンを含め予算を伺うと、「４０００万円くらいかな？　５０００万円？」と、どこまで真実味があるのかわからない頼りない答えが返ってきました。ところが、次の言葉が印象的でした。「新築でなくてもいいと思っています。中古マンションを買ってリフォームでいいんです。部屋数は少なくていいけれど、とにかく広いリビングが欲しい」と、住まいへの明確なイメージが伺えました。

彼らが私に相談した理由は、「住まいに対するイメージはあるけれど、それだけでは、自分でどう整理して考えてよいかわからない部分があった」ということのようです。

なぜ中古マンションなのか、どういう基準で選べばよいのか、新築と中古ではそれぞれどういうメリットがあるのか、まだまだ明確な指標があるとはいえないのが現状です。

「内閣府調査　住宅に関する世論調査（２００４年11月）」によると、家を所有したいと希望する人は79・０％で、30代では84・７％にも達します。ただし82・３％は新築がよいと答え、その１番の理由は間取りやデザインが自由に選べる、次に新しくて気持ちがいいと日本的な新築崇拝思考が伺えます。

家を所有することイコール新築注文住宅と考えている方が多いのは事実です。けれども現実は間取りもデザインも選べない建売住宅も多く、マンションではフリープランが可能な物件はほとんどありません。

一方で中古住宅のよい点は、１つ目はなんといっても新築に比べて安いという点です。

２つ目は、実際の住宅や近隣の居住環境が確認できるということです。

リフォーム雑誌などの記事を読み、「リフォームでも素敵な暮らしが実現しそう」と、リフォームに対する期待を感じている方も多いでしょう。けれどもどこかで中古住宅の品質に漠然とした不安を抱いている方が多いのも事実です。情報収集の方法として、性能情報を知るのは「住宅性能表示制度」、またマンションの維持管理情報を登録・公開する「マンションみらいネット」も始まりましたが、実際にはまだまだこれで不安が払拭するまでには至っていないのが現状です。

知人の息子さんは仕事柄、職住隣接が必須で、アフターファイブは何よりも友人との楽しい会話を大切にするとか。人それぞれの暮らし方があり、１００人１００色です。若干の不安を感じながらも、自分の理想の住まいをはっきりと意識し、自分らしい暮らし方を実現するための方法として、「中古を買ってリフォーム」する時代がやってきたのだと思います。

「中古を購入してリフォーム」を成功させるために、大切なことは何なのかも知っておきたい。「間取り」「採光」「遮音」「バリアフリー」「動線」「設備」の考え方は？　そしてその優先順位は？　知りたいことが次々と押し寄せてくるなか、しっかりした情報を正確に入手し、判断したい。

我が家の暮らしにフィットした住宅を手に入れる、その選択肢の一つに「中古を買ってリフォーム」という方法があることに気づき始めた方に向けて、本書では、マンションにターゲットを絞ってまとめてみました。

新築マンションを購入する場合とは異なった、住み手の確かな満足感が伝わってくるリフォーム事例をもとに、中古リフォームのノウハウと可能性を紹介していきたいと思います。紹介する事例も30代から70代までと年代はさまざまです。

この本を手にとってくださった方が、中古を買ってリフォームすることの価値、そしてその価値を決めるポイントを見つけられることを願っております。

※近年、新築ではない物件を「既存住宅」という表記にしていこうという流れがありますが、本書では一般的にわかりやすい表現として「中古住宅」という言葉を使っております。

２００８年４月

三井のリフォーム　住生活研究所 所長　西田恭子

「中古マンション購入×リフォーム」で
理想の住まいを手に入れる!

もくじ

## 3章「中古マンションリフォーム」徹底ガイド

## 4章 中古マンション購入からリフォームまで ステップ別必須知識

装幀・本文デザイン　石田嘉弘
本文イラスト　石玉サコ

序章｜中古マンションによりよく住むために

# 住まいも、今あるものを大事に使う時代です

買い物にエコバッグを持参したり、外食に備えてマイ箸を持ち歩いたり。日々の暮らしの中でも、資源を大切にし、なるべくゴミを減らそうと心がける方が増えています。

住まいにも、同じ流れが起きています。

近年まで、日本の住宅は「スクラップ＆ビルド」といわれてきました。「壊しては建てる」という意味です。古くなって時代に合わなくなった家は、建て替えるのが当たり前と考えられていましたし、国も企業も、それを推し進めてきたのです。

けれども、私たち生活者の意識は変化しています。なんでもかんでもピカピカの新品でなくては、と思う人は少なくなっているのではないでしょうか。「スクラップ＆ビルド」の方法は、時代に合わなくなってきています。

## 国も政策を転換。中古住宅流通とリフォームを促進

今や、日本の住宅の数は、世帯の数を大きく上回っています。比較的新しくて丈夫で、性能のいい住宅の「ストック」、つまり在庫がたくさんあるのです。政府の方針も、「使えるものを壊して建て替えるより、あるものを大事に使おう」という方向に変わりました。

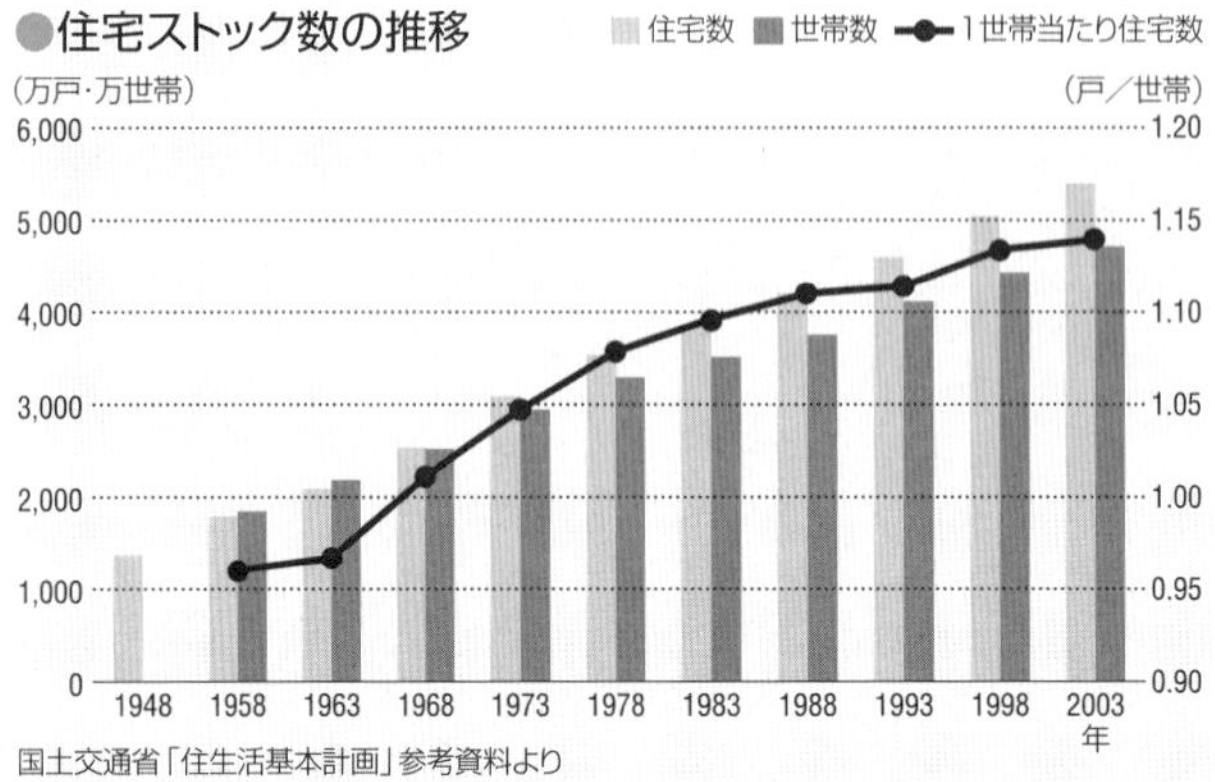

国土交通省「住生活基本計画」参考資料より

これから新しく建てるものも、できるだけ長持ちするようにつくりましょう、というのが現在の政策です。住宅を長持ちさせ、ストックを生かせば、資源や環境の保護、廃棄物の削減につながり、次世代の住居費の負担も減らすことができます。

こうした意図から2006年9月に政府が策定した「住生活基本計画」では、その目標の最初に「良質な住宅ストックの形成及び将来世代への承継」を掲げています。そして、住宅の寿命を延ばすために「リフォームの実施率」を上げること、「既存住宅の流通シェア」を増やすことなどを具体的な指標としています。

そして、これらの目標を達成するための施策として、安心して中古住宅を購入し、リフォームに取り組める環境づくり、情報提供や税金面での支援策などが順次実施されつつあります。

世の中全体が、「スクラップ＆ビルド」から「ストック重視」へ移ってきたといえるでしょう。

## 安心して、中古住宅が買える環境に

かつては、世の中の仕組みも、中古住宅を買うより新築住宅を買うほうが有利になっていました。今はなくなった「住宅金融公庫」の融資では、新築と中古とでは、借入額や返済期間に差がつけられていましたし、「住宅ローン控除」など税制の優遇措置を受けるための条件も、築年数に制限が設けられていました。

この頃にマンションを購入したり検討したりした経験がある世代には、「中古を買うのは損」という思い込みが残っているかもしれません。けれども、すでに述べたとおり、国の施策が「ストック重視」に移ったことで、こうした「中古差別」も２００５年に改められました。

住宅金融公庫の廃止に伴って登場した長期固定金利ローン「フラット35」（１５４ページ参照）では、耐震性能の基準さえ満たしていれば、中古マンションでも新築と変わりない条件で融資が受けられます。税制面でも同様に、築年数の制限は撤廃されました（１５６ページ参照）。

## 性能や管理の情報を知り、よりよく住まう

中古マンションを買うときの不安材料は、それがどんな履歴を経ているか、耐震性や断

熱性などの性能が保たれているかが不透明だということでしょう。

　国では、こうした不安を払拭し、良質な中古住宅の流通をよりスムーズにするための施策を推進していく方針です。２００８年3月現在、国会で審議中の「長期優良住宅の普及の促進に関する法律案」では、住宅履歴情報の整備や既存住宅の性能評価、瑕疵《かし》担保保険などの整備が掲げられています。

　財団法人住宅金融普及協会は、前述の「フラット35」や住宅性能評価の手続きに使うため、マンションの立地や環境、建物の仕様のほか、管理規約、長期修繕計画などの共用部分維持管理内容などを登録しています。

　また、現在すでにサービスが始まっている情報源としては、財団法人マンション管理センターが運用しているウェブサイト「マンション履歴システム　マンションみらいネット」が挙げられます。登録件数が３５０件と少なくまだ完全に普及したとはいい切れませんが、このサイトでは、登録されたマンションの管理情報を閲覧することができます。

　こうした情報は、購入するときの安心材料になるだけでなく、リフォームの計画を立てるためにも役立ちます。中古マンションによりよく住まうためには、やはり、なにかしら手をかけることが欠かせません。それには、あらかじめ表面だけきれいに直された「リフォーム済み」物件を購入するより、自分の目で現状を確かめ、暮らしや好みに合わせてリフォームするのがおすすめです。

　リフォームすることは、自分の住むマンションをよりよく知ることにもつながります。そのことこそが、今あるものを大切に住み継ぐ気持ちを育てるのではないでしょうか。

# 1章

# 理想の住まいは「中古マンション購入×リフォーム」で手に入れる！

# あなたが住まいに求めるものは、なんですか？

これからマイホームを手にしようと考えているあなた。あなたの前には、無限の選択肢があります。

新築か中古か、マンションか戸建か？　そんな比較をする前に、まず「自分が欲しいのはどんな住まいだろうか」ということをじっくりと整理するのが先決ではないでしょうか。

たとえば、当分は子育て中心の生活になるし、家の中でも、家族で一緒に過ごす時間を最優先に考えたい。

そんな人なら、立地条件は、幼稚園や学校に通いやすいこと、子育て支援制度の整っている自治体、緑豊かで、交通量の少ない安全な場所、などになるでしょう。

その中でも、「子どもを安心して遊ばせたいから、住人専用の遊び場がある大規模マンションがいい」という考え方もあれば「子どもの足音でご近所に遠慮したくないから、戸建がいい」という考え方もあるはずです。

また、子どものアトピーやアレルギーを防ぐために、「最新の換気・空調設備が整っている新築がいい」と考える人もいれば、「中古マンションを買って、すべて自然素材の内装で統一したい」と考える人もいるでしょう。
どちらが正しいか、ではなくて、どちらが自分たちに向いているか、が大切です。

## 住まいへの望みがはっきりすれば何を探すべきかが見えてくる

自分が住まいに何を求めているのかがはっきりすれば、選ぶ基準が明確になるはずです。立地条件はどうか。広さはどのくらいあればいいか。間取りやインテリアは？　気密性や遮音性などの居住性能は？

もちろん、すべての基準をクリアする物件が見つかればいうことありませんが、予算に限りがある以上は、優先順位も決めておいたほうがよいでしょう。あるいは、どの条件を、どこまでなら妥協できるか。

要望と優先順位が整理できれば、選択肢はおのずと絞られてくるはずです。その結果、新築マンションでなくてはならないのか、中古のほうが望ましいのか、あるいは戸建も視野に入れるべきか、が見えてくることでしょう。

たとえば立地を重視した場合、条件に合う場所に新築マンションが建つとは限りません。「この町」「この沿線」と住みたいところが決まっているなら、中古マンションにも目を向けたほうが、見つかる可能性が高いといえます（詳しくは26ページ参照）。

また、間取りやインテリアにこだわりがある人にとっては、新築マンションの中にイメージに合うものを見つけるのは難しいかもしれません。残念ながら、分譲マンションには自由設計に応じてもらえる物件は多くありません。一部の間仕切り変更や、インテリアのカラーパターンが選べるくらいが一般的でしょう。

## 中古マンション購入×リフォームは数々の希望を同時にかなえるのに最適

本書で「中古マンションを購入してリフォーム」する方法を提案するのは、それが、住まいに求められるさまざまな条件を、同時に実現する手段として有効だからです。

詳しくは25ページ以降で解説しますが、中古マンションなら、立地条件や面積など、物件選択の幅が広がります。さらに、購入と同時にリフォームを行えば、自分に合った間取りやインテリアにすることも可能です。

リフォームに要する期間は規模にもよりますが、全面的な工事で、打ち合わせから竣工までスムーズにいけば3～4カ月程度。一方、新築マンションの契約から入居までは、半年から1年くらいかかることもあるので、スケジュール面では大差ありません。何より、リフォームで「自分のオリジナルの住まいをつくる」実感は、きっと、何ものにもかえがたい喜びを与えてくれることでしょう。

次ページ以降では、実際に中古マンションを購入し、リフォームを実施して個性的な住まいを手に入れたMさんのドキュメントをご覧に入れます。購入からリフォーム、入居まで、どんな手順で進むのか、一つの事例として参考になさってください。

## 中古マンション購入からリフォームまで

# M夫妻の住まいづくりストーリー

平成19年度「住まいのリフォームコンクール」
住宅リフォーム推進協議会 会長賞 受賞※

とてもマンションの一室とは思えない、モダンなライブラリー空間。
大学教員であるM氏と、看護師の奥さまのお住まいです。
マンションを探し始めた当初は思いもよらなかった大胆なプラン。
実現に導いたのは、物件購入と同時に行った全面リフォームでした。

## 物件探しをスタート

### 賃貸マンション暮らしを卒業。マイホームの検討を始める

住まいが手狭になり、大手不動産仲介会社に相談。蔵書が多く、ふつうの間取りでは収納できないので、中古マンションを買ってリフォームすることが前提でした。ただ、和室を洋室にし、カーペットをフローリングに変える程度しか想像していませんでした。

**物件の希望条件**

- 通勤に便利な立地であること
- 静かな環境であること
- 小規模な低層マンションが望ましい
- 広さは90m²以上
- 約9000冊の蔵書が収納できること

中古マンション購入からリフォームまでの流れについての詳細は、4章（P132～133）をご覧ください
※ 住まいのリフォームコンクール（主催：財団法人住宅リフォーム・紛争処理支援センター　後援：国土交通省）

# 物件検討中にモデルルームを訪問 5月

### モデルルームを訪問しリフォームの可能性を知る

以前、青山にあった、「三井のリフォーム」の旧モデルルーム「リモデ青山」を訪問。営業の榎本考之さんに説明を受ける。マンションでも、リフォームによってさまざまな可能性が広がることが分かり、うれしい驚き。

↑現在のモデルルームは「リモデ東京」として六本木の東京ミッドタウンに移転
←三井のリフォーム
営業担当・榎本考之さん

# 物件決定後、セミナーに参加 7月

### セミナーと同時開催の相談会で事前相談を行う

物件決定後、契約前に三井のリフォームが主催するセミナーに参加。セミナーでは、改めてリフォームの可能性を知ることに。その後、予定されていた相談会に参加し、具体的なリフォームについて相談しました。

セミナー風景。建築士の資格を持つ経験豊かな女性リフォームプランナーが豊富な事例を交えながら、リフォームのコツについてわかりやすく解説。セミナー後の無料相談会では、資金計画をはじめとするさまざまな疑問や悩みについてアドバイス

# マンション購入。リフォームのため現地調査を依頼

7月

## いよいよ計画始動。新居への期待が膨らむ

東京都世田谷区、築12年の低層マンションの最上階にある住戸を購入することに決定。リフォーム計画を立てるため、まず現地調査をして、既存の間取りや構造、老朽度合いを確認します。

リフォームプランナー・一級建築士
佐藤恵利子さん

玄関から続く長い廊下

薄暗いリビング

**リフォーム前**

↑キッチンはこのまま使うことに

←洗面室はもっとしゃれた感じにしたい

### リフォームへの要望

- スタイリッシュで独創的な空間にしたい
- 蔵書9000冊を収納したい
- 書庫ではなく、スターバックスカフェのような空間にしたい
- 学生を招いて、お酒を飲みながらゼミができるようにしたい
- 衣類の量も多いので、できるだけ収納がたくさん欲しい
- 元気の出るような暖かい色が好きなので、アクセントカラーとして使いたい

## 現況プランと要望

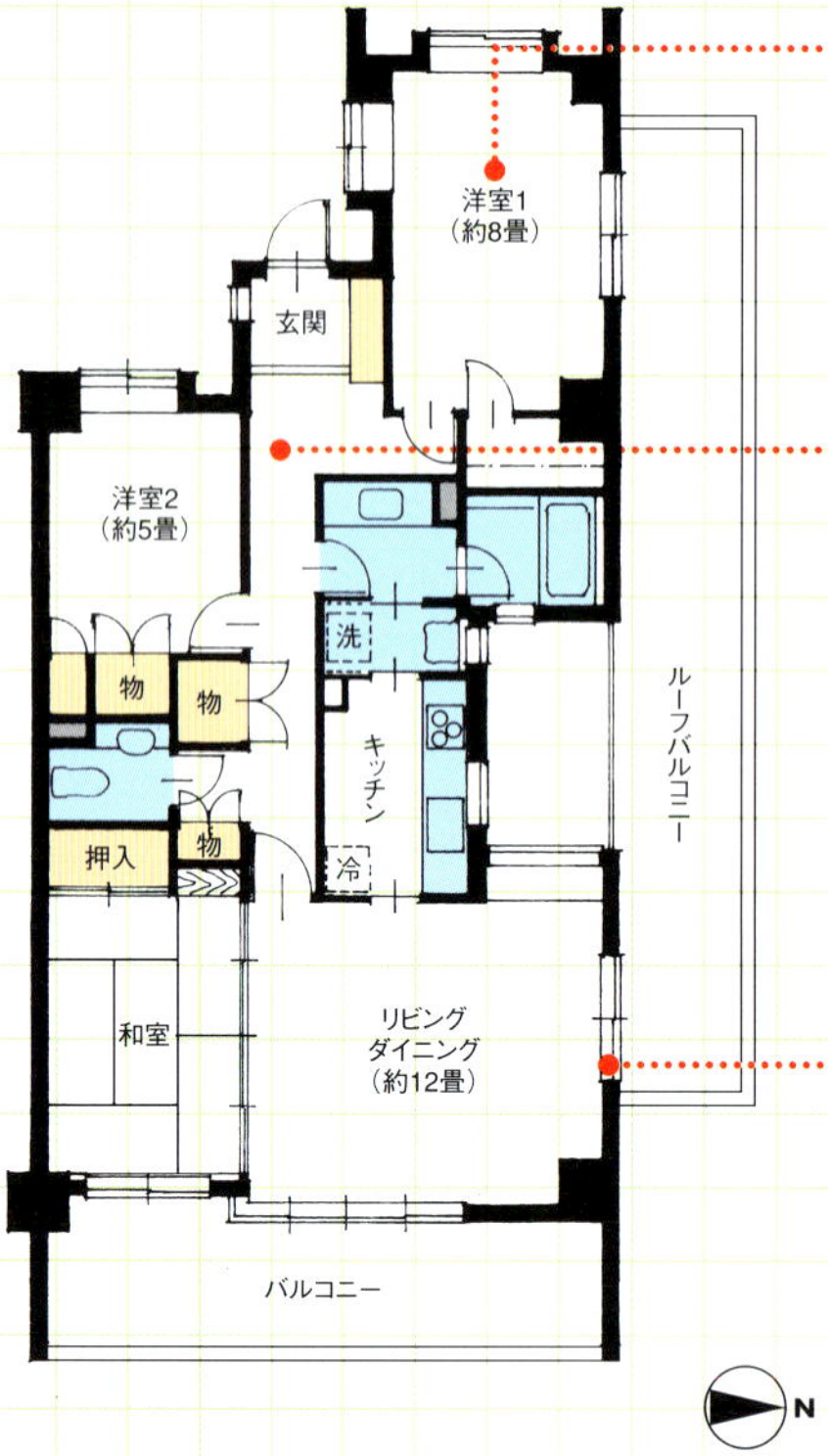


1 できる限り収納が欲しい

2 廊下は必要ない

3 窓の断熱・遮音性能を高めたい。ルーフバルコニー側の防犯性も高めたい

4 将来、万一車椅子を使うようになっても不便がないようにしたい

5 部屋の内装は全面的に変え、色遣いにもこだわりたい。カーペット・畳はフローリングに

## 最初の企画プランの提案を受ける　7月

### 間取りのアイデアは理想的 本の収納と内装は要検討

要望をもとにつくられた最初のプランの提示。広いライブラリー、独立性の高い寝室。望み通りの間取りですが、ボックスタイプの本棚は、収納効率がよくありません。天井が黒いのも、暗くなりそうで心配です。

## 企画プランの修正とイメージの確認　8月

### 3Dパースによる提案で、大胆な色遣いにも納得

インテリアは3Dを使ったイメージパースと、黒い天井の店舗を実際に体感して、ライブラリーの天井の色を黒とした意図がよくわかり、納得できました。

## 提案プランと設計ポイント

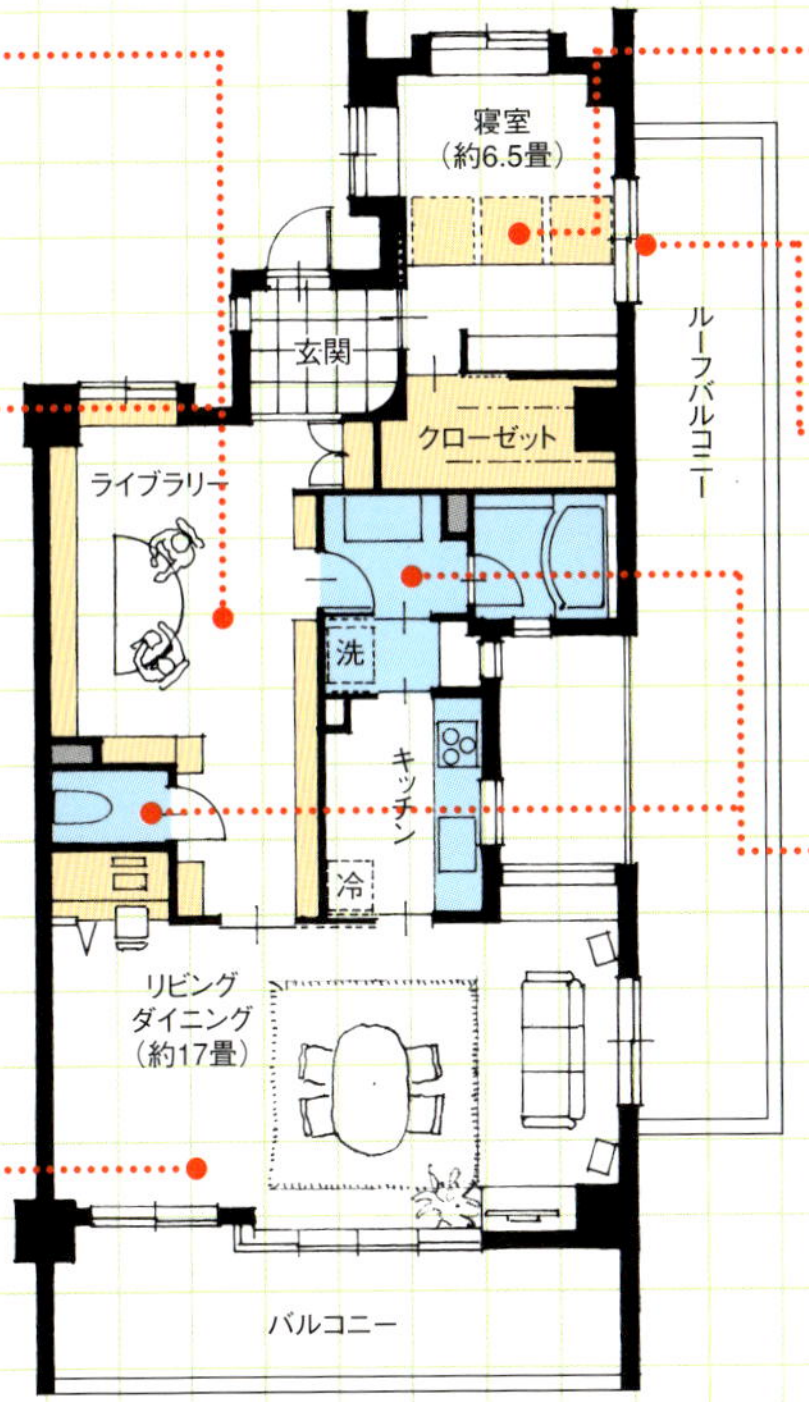


**1** クローゼットを広げ、主寝室の床を高くして下部に引き出しをつくり、収納量を確保

**2** 玄関と廊下、洋室を一体化してライブラリーにする

**3** 窓にはすべてインナーサッシを設置。また、断熱性を高めるため断熱層のある床材を使用

**4** 洗面・トイレも車椅子で移動できる広さに。住まい全体をバリアフリー化

**5** ライブラリーは天井と床を暗くして落ち着いた空間に。一方ＬＤは白い天井の明るい空間にし、空間の質の違いをうまく演出。アクセントカラーも取り入れた

**6** 和室をリビングダイニングと一体化し、押し入れを書斎コーナーに

## 設計契約　8月

### お互いの意思を確認する「契約書」を取り交わす

無事リフォームローンが下りることが決まり、計画を具体的に進めるために、三井のリフォームと「設計契約」を結びました。お互いの信頼関係が強まり、一緒にプロジェクトを成功させせようという思いが沸きます。

## 概算見積もりを確認　8月

### リフォーム費用を確認。ローンの手続きを行う

設計がほぼ固まったので、工事費用を見積もってもらいます。どうやら、予算内に納まったようです。この金額をもとに、リフォームローンを申し込み、審査を受けることになりました。

## 詳細プランの打ち合わせ　8月

**打ち合わせも山場**
**ショールームで実物を確認**

毎週のように、夫婦で打ち合わせに出ました。色へのこだわりも程よく取り入れられ、期待がふくらみます。打ち合わせで決定された事項は「設計図書」で確認できるので安心です。

## 工事契約・ローン契約　9月

**工事の契約を行って**
**一部の支払いを済ませます**

工事とローン、それぞれ契約を結びます。工事契約書には工事内容、工期、工事金額などすべての約束事が盛り込まれます。管理組合にも工事の届出を提出、承認してもらいます。

## 着工前の準備　9月

**「5者面談※」この人たちが**
**つくってくれると実感**

工事に入る前に、関係者全員の顔合わせが行われ、工事内容の確認をしました。近隣への挨拶も、工事関係者と一緒に行き、工事中の説明をしてもらいました。

## 着工〜工事　10月

**工事中の現場も確認**

工事中の現場に出掛けて、解体後の状態や、配管の状態などを確認します。どんどん作られていく我が家を見て、でき上がりが楽しみになってきました。

## 竣工検査　12月

**工事が終わったら、**
**完成の状態をチェックします**

いよいよ新居の完成。万一、工事が間違っているところはないか、担当者と一緒に丁寧にチェックします。このとき、設備会社から機器の使い方についての説明も行われました。

## 引き渡し　12月

**引き渡しを受けて、**
**正式に我が家になりました**

竣工検査に問題がなければ、「引き渡し」の運びとなります。これで、リフォーム済みのマンションが正式に「我が家」になるわけです。引っ越しの準備にも抜かりはありません。

※ 5者とは施主、営業担当、リフォームプランナー、工事担当者、施工業者のことを指します

玄関を開けると、このライブラリー空間に迎えられる。たくさんの蔵書が一覧でき、すぐ手に取れる

12月
完成!!
**入居**

## 改めて、できあがりに感動。世界に一つの我が家が完成

細かく仕切られた印象の3LDKが、リビングダイニングとライブラリー、そして寝室というすっきりした間取りに変身。玄関直結のライブラリーは、教え子を始め、来客にも好評です。既存の壁やキッチンなど利用できるものは残しているにもかかわらず、印象は一新しました。色遣いの美しいインテリアにも、センスが光っています。ライフスタイルにぴったり合った、まさしく「世界にひとつだけの我が家」が完成しました。

玄関の壁にモザイクタイルを貼ってアクセントに。タタキと室内の床の段差もなるべく小さくした

LD全景。ライブラリーとの間には蛍光色に近い明るいグリーンの扉を。壁の一部にブルーのクロスを貼るなど、色遣いにこだわった

ペデスタルの洗面化粧台。カウンター下の棚を外せば、車椅子でも使える仕掛け。正面の壁にはラベンダー色のクロスを貼っている

**DATA**

築年数●12年
構　造●
鉄筋コンクリートラーメン構造
家族構成●夫(40代)、妻(30代)
専有面積●95.46$m^2$
購入価格●約5000万円
リフォーム費用●1592万円
リフォーム面積●95.46$m^2$

↑玄関横の洋室を寝室に。タタキを挟んで出入りする、隠れ家風の雰囲気。高く上げた床に布団を敷く。
←床下には引き出し収納が

→リビングの一角に造り付けの棚を設けて、小さな書斎コーナーに。折れ戸を閉めてしまえば、広げた書類も目につかない

# 中古マンション購入×リフォームのメリットとは？

ここで、「中古マンションを買ってリフォームする」という方法が、新築マンションの購入などの方法とどのように違うのか、整理しておきましょう。

新築マンションは、一度に数多くの戸数を売り出すわけですから、広範囲に広告が打たれます。とくに住宅購入を考えていなくても、自然に目に飛び込んでくることでしょう。けれども、中古マンションは1戸ごとに売られ、売り主も個人の場合が多いため、派手な広告が打たれることはありません。目につく情報が少ないだけに、これまであまり関心を向けていなかった人も多いのではないでしょうか。

情報量が少ないからといって、物件の数が少ないわけではありません。10ページでも述べたように、今や全国にはたくさんの中古住宅の「ストック」があります。これを上手に選んで住み継ぐことは、資源の有効活用にもつながるわけです。

まず「中古マンションを買う」ことのメリットから見ていきましょう。

## 1…たくさんの物件の中から選べる

首都圏のようにマンションの多いエリアなら、中古マンションの戸数もバリエーションも豊富です。

たとえば、２００７年は景気や建築基準法改正の影響もあって、新築マンションの販売戸数は6万戸強（不動産経済研究所調べ）と低迷しました。これに対し、売りに出された中古マンションの戸数は約14万戸（東日本レインズ調べ）。新築の2倍以上に上ります。これだけの戸数がそれぞれ別々のマンションから売りに出されるわけですから、面積・立地など選択肢の多さは新築とは比較になりません。

２００７年10～12月期の東日本レインズのデータでは、首都圏で売りに出された中古マンションの平均築年数は約17年。以前より築浅の物件にシフトしています。

## 2…希望の立地の物件が見つかりやすい

エリアを絞って探す場合、そこにタイミングよく新築マンションが建つとは限りません。けれども、中古マンションなら戸数も多く、いろいろなエリアに分散しているので、希望の立地に出物を見つけられる可能

●首都圏における中古マンション販売物件の新規登録件数（2006年～2007年）

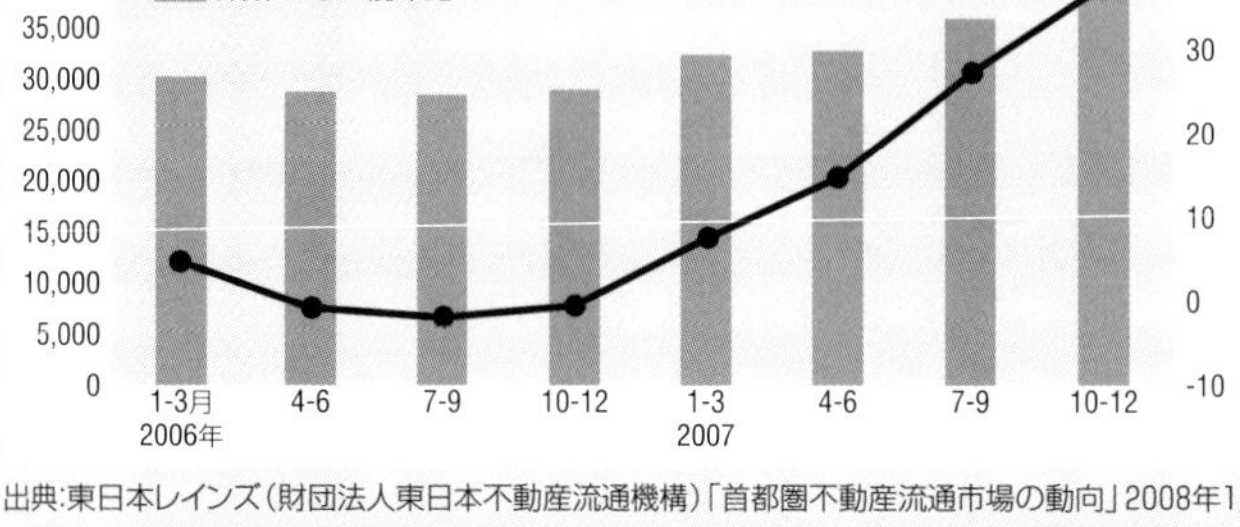


出典:東日本レインズ（財団法人東日本不動産流通機構）「首都圏不動産流通市場の動向」2008年1月25日

●中古住宅を買った理由
（中古住宅購入者）

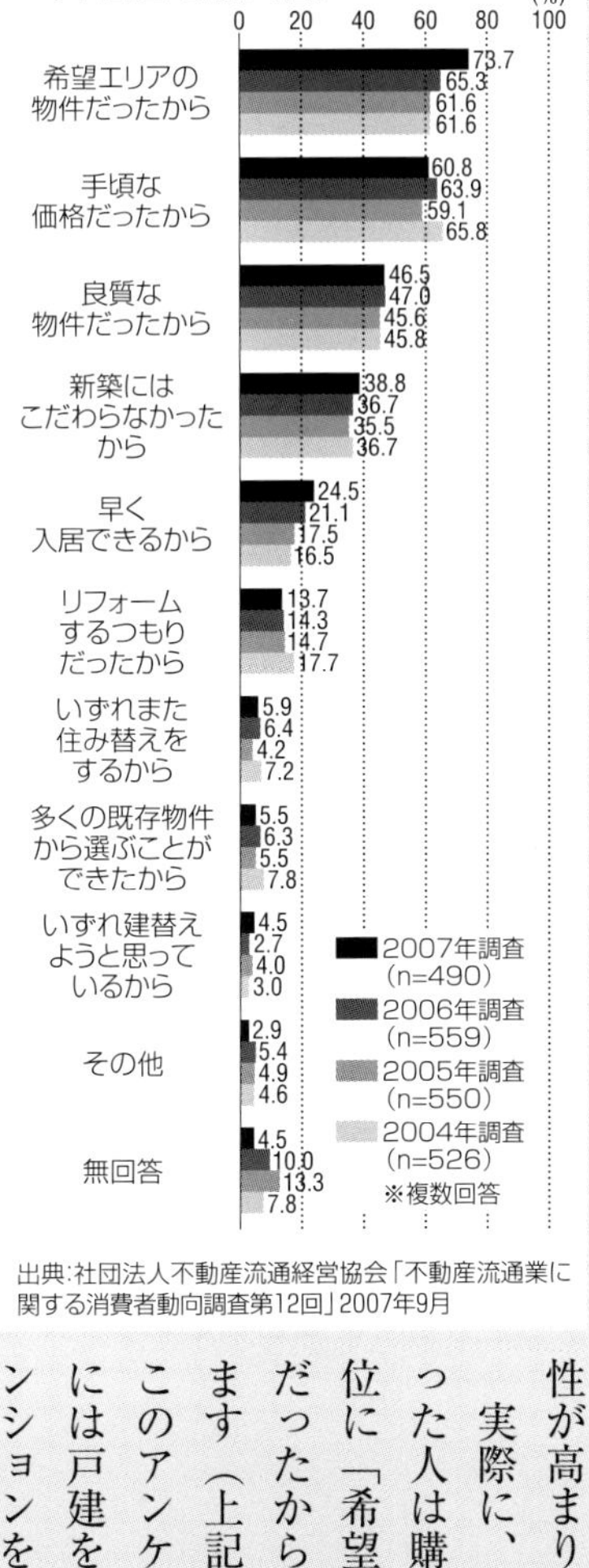


出典：社団法人不動産流通経営協会「不動産流通業に関する消費者動向調査第12回」2007年9月

性が高まります。

実際に、中古住宅を買った人は購入理由の第1位に「希望エリアの物件だったから」を挙げています（上記グラフ参照）。このアンケートの回答者には戸建を買った人・マンションを買った人の両方が含まれていますが、内訳ではマンション購入者が6割以上を占めています。

## 3…広告費や営業費を含まない値段で買える

アンケートによる「中古住宅購入理由」の第2位には「手頃な価格だったから」が挙げられています。

不動産の価格は立地や面積、建物の品質・グレードなどさまざまな要因で決まるので、一概に比較することはできません。けれども、新築マンションの価格には、CMや広告の費用・営業経費など、住戸価格以外の費用が含まれているものです。いったん誰かの手に渡って「中古」になるだけで値下がりするといわれています。

購入費用が抑えられれば、その分の予算をリフォームにまわすことができます。リフォームのメリットについては後述しますが、同じ予算でも、新築マンションと「中古マンション購入×リフォーム」の2つの選択肢がありうるわけです。

## 4…実物の部屋を確認して買える

多くの場合、新築マンションは建築前に販売が始まります。人気のある物件なら、完成前に売り切れてしまうことも少なくありません。どんな住まいが手に入るのか、手掛かりになるのはモデルルームだけ。しかも、全部の住戸タイプがモデルルームになっているわけではありません。自分が買おうとしている住戸がどのくらいの広さか、手掛かりになるのは数字だけ。さらに、窓からの眺めや日当たりを想像するのは、ほとんど不可能。外部の騒音や上下階の遮音性も、実際のところはわかりません。

これに対し、中古マンションは、自分が検討している住戸そのものを見ることができるのがメリット。ただし、売り主がまだ住んでいることも多いでしょうから、見学時には気配りが必要です。リフォームを前提として選ぶなら、置いてある家具や内装にとらわれず、広さや天井の高さ、窓からの眺めや日差しの入り方など、工事では変えにくい点に目を向けましょう。

## 5…管理状態を見てから買える

「マンションは管理を買え」という常套句を耳にしたことはありませんか。多くの人が集まって住むマンションでは、生活のルールが決められ、きちんと守られていることがとても大切です。

けれども、新築マンションの場合、管理はまだ開始されていないので、現実にどうなるかは未知数です。ただ、みんなが一斉に入居するのでコミュニティに加わりやすく、管理をつくる主体になれる点をメリットと見ることはできるでしょう。

これに対し、中古マンションでは、すでに生活が始まっているので、どんなルールがあり、実際にどのように運営されているかを事前に確かめられます。実際のチェックポイントについては１４４ページを参照してください。

## 6…隣人がどんな人か事前にわかる

いろいろな人が一つの建物の中に住むわけですから、ときにはトラブルも起こります。マンション内の住人について、事前にわかれば安心です。子育て期や介護など、地域の情報交換ができる仲間が近くにいれば心強い、ということもあるでしょう。

住人の身上調査をするわけにはいかないけれど、現地に行けば住んでいる人の雰囲気は伝わってくるものです。管理人や売り主から、それとなく情報を得ることもできるでしょう。

## 7…欠陥工事のチェックが可能

中古マンションが敬遠される理由の一つに、耐久性や品質への不安が挙げられます（次ページグラフ参照）。ただ、この問題ばかりは新築なら大丈夫ともいい切れません。耐震偽装のような極端な例もありましたし、工事中に鉄筋不足が立て続けに発覚したこともありました。完成したばかりのピカピカの外観から、中の構造の様子を想像することはほとんど不可能です。

ただ、コンクリートの強度や鉄筋不足は、時間が経てば表に現れやすくなります。新築時から一定の時間が経ったマンションでは、外壁のひび割れなどの状態から工事の欠陥を読み取れる可能性があるわけです。不安な場合は、専門家のチェックを受けることもできます。「まだできていない」新築と違い「実物のチェックができる」という意味では、より確実性が高いともいえるでしょう。

## 8…購入から入居までの期間が短い

前述のように、新築マンションの多くは建築前に販売を開始します（中には完成後に売り出すケースもありますが）。つまり、買うと決めてから入居まで、半年〜1年は待たなく

●中古住宅を買わなかった理由（新築住宅購入者）

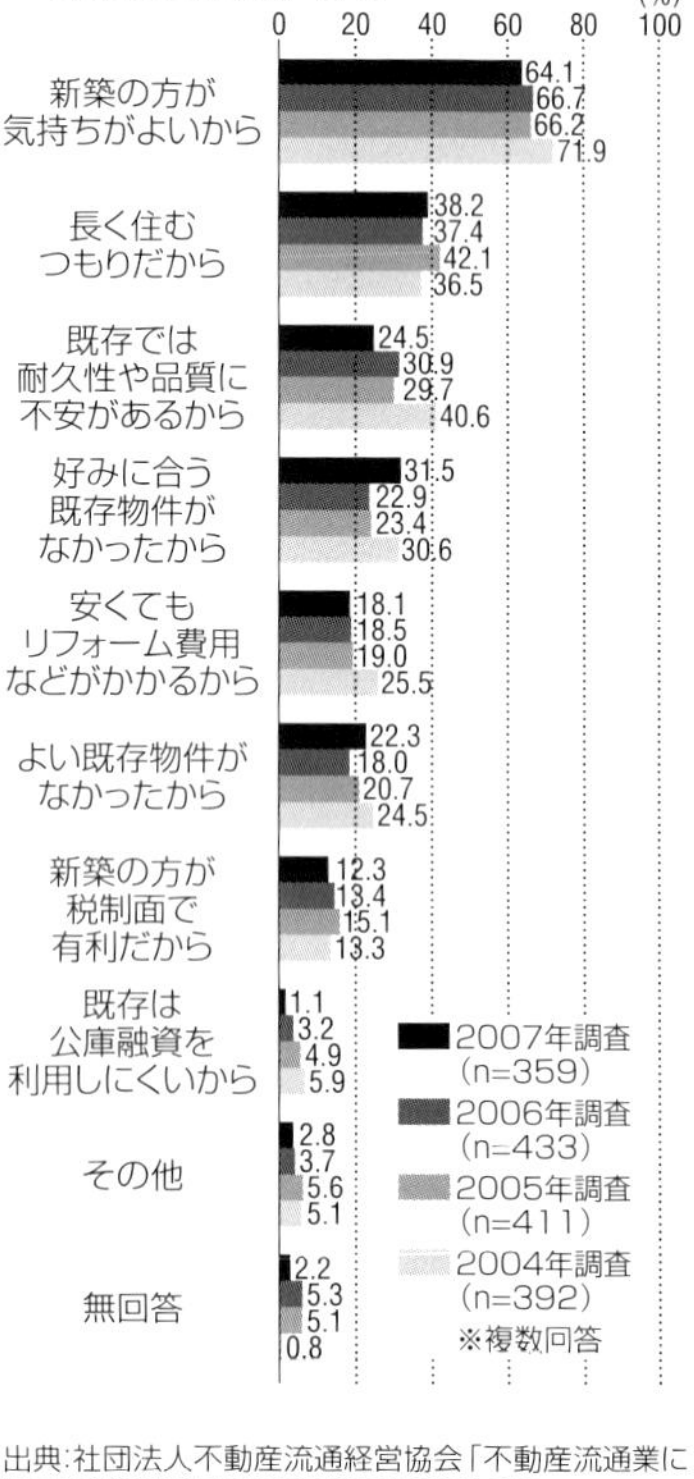


出典：社団法人不動産流通経営協会「不動産流通業に関する消費者動向調査第12回」2007年9月

てはならないわけです。超高層マンションなど、規模が大きければ待機期間はより長くなるでしょう。

中古マンションなら、売り主との折り合いさえつけば、すぐにでも手に入れられます。リフォームにかかる期間は工事の規模次第ですが、どうしても急ぎたい場合は、入居してからリフォームすることもできます。ただ、空室の状態で工事したほうが効率がよく、生活のストレスも少なくて済みます。

## 9…自分に必要な設備を選べる

新築マンションには、最新機器が導入されていることがメリットですが、人によってはそれが「過剰」という場合もありえます。必要のない設備にまでお金を払わなくてはならないかもしれないわけです。

中古を買ってリフォームする場合は、自分にとって必要なものだけ選べます。同じ機器でも、最適の機能を選択できます。

## 10…予算と必要に合ったチョイスができる

中古マンションでも、ひととおりの生活機能は揃っているわけですから、もちろんそのままでも住めます。どこまでリフォームするかは自由。キッチンだけ変える、内装だけ変える、または間取りも含めてがらりと変えるなど、予算やニーズに応じて、無限の選択肢があります。70〜80$m^2$くらいのファミリータイプのマンションなら、全面改装に1000万円程度かけたとしても、新築より割安になることが多いでしょう。

## 11…好きな素材・コーディネートができる

お仕着せのインテリアでは飽き足りない人にとって、内装材の色や素材を好みに合わせてオーダーできる喜びは大きいことでしょう。

また、建材に含まれる化学物質の中には、健康に悪影響を及ぼすものもあります。どんな材料を使うか、自分で納得して選びたいと考える人も増えています。

## 12…暮らしに合った「世界にひとつだけの家」が手に入る

リフォームの最大のメリットは、言うまでもなく、家族と暮らしに合わせた住まいがつくれるということです。不要な部屋数を減らしたり、デッドスペースを有効に使ったり。

また、リフォームによって家事の効率を高めたり、家族の接点を増やすことも可能です。

さらに、工夫次第で日当たりや風通しをよくし、断熱性や遮音性を高めることだってできるのです。

購入と同時にリフォームすれば、大がかりな間取り変更や内装・設備の更新も一度に済ませられるので、効率も効果も高いと言えるでしょう。

以下の章で「中古マンション購入×リフォーム」の実例を見ていくことにしましょう。

# 2章

# とっておき「中古マンション購入×リフォーム」実例集

※データはすべてリフォーム時のものです

ヴィンテージマンションを選ぶ

Case 01
東京都渋谷区
Nさんの家

家族構成●夫・妻(30代)、
長女(3歳)、その後長男誕生
築年数●35年
専有面積●112.33m²
購入価格●約6000万円
リフォーム費用●1570万円
リフォーム面積●111m²
リフォーム工期●約2カ月

**物件購入の決め手**
- ▶家族向け
- ▶慣れ親しんだ渋谷区内
- ▶安心して遊べる公園の近く

**リフォームへの要望**
- ▶シンプルで明るい空間
- ▶自然素材で味のある空間
- ▶広く風通しの良いＬＤＫ
- ▶機能性と開放感にこだわったキッチン

# 高級感溢れる都心の中古を購入。明るいLDKから緑を眺める暮らし

## 新築から方針転換。以前から見知った高級感ある中古を購入

上のお子さんが生まれて住んでいた家が手狭になり、新築マンションを買おうと考えていらしたNさんご夫妻。まずは慣れ親しんだ渋谷区と港区内にエリアを定めて見学しました。ところがなかなか「欲しい」と思える物件に巡りあえません。

「子供と安全に遊べる公園が近くにある家族向けのマンションを探していましたが、条件に合うものに出あえず、中古マンションに目を向けるようになりましたね」とご夫妻。そこへ、以前から気になっていた古いマンションが売りに出たというチラシが舞い込みました。

「通勤途中に見かけるマンションで、以前からいいなあ、と思って

都心ながら、窓の外に緑が見える恵まれた環境。リビングダイニングは東側にある。天井板を剥がして塗装で仕上げ、天井を10cm高くした

キッチンはセミオープンに。ダイニングとまっすぐに行き来できる配置だ。3つ並んだペンダントライトも愛らしい雰囲気

リビングの床材は幅広のパイン材。壁は下地に直接白いペンキで塗装してラフに仕上げた。木製サッシも合わせて白く塗装

いたんです」とご主人は振り返ります。重厚な雰囲気の高級マンションで、専有面積は１１０㎡を超えるゆったりとした広さ。しかも、メゾネットタイプで２ＬＤＫという贅沢な間取りです。都心でありながら緑に囲まれ、静かな立地も申し分ありませんでした。

一般的なマンションに比べればゆとりある間取りとはいえ、問題はキッチンが独立型で、食卓から隔離されていることです。窓もなく、暗く閉塞感がありました。

そこで、キッチンの配列を変え、壁を取り払ってセミオープンに。既存の納戸もなくしてＬＤＫ全体を広くしました。「風通しと見通しのいい、間仕切りのないＬＤＫ」というご夫妻の希望の実現です。

キッチンに立てばＬＤＫ全体が見渡せ、向こうに窓の外の緑が見

Before

キッチンの床はテラコッタ風タイル。白いタイルのカウンターにホーローのシンクで、南欧風のイメージに統一している

えて気持ちよく作業できます。

## 白いペイントで南欧風のインテリア

インテリアのテーマは「味のある空間」。「奥さまの希望を全部かなえてあげたい」というご主人の心遣いで、素材にもとことんこだわりました。

リビングの床材は、北欧から取り寄せた幅の広い無垢のパイン材。壁と天井は既存のクロスを剥がし、あえてクロスを貼らず、モルタルを白いペンキで塗装して仕上げました。

さらに、アルミ製の窓の内側に木製の窓枠を付けて、二重サッシにしました。インテリアの雰囲気がぐっとよくなるだけでなく、すきま風を防いで、断熱性と遮音性を高める効果もあります。

玄関を入ったところから廊下の方向を見る。廊下も以前より広くなっている。写真左側の袖壁は階段

マンションリフォーム用のユニットバスを使ってデッドスペースを解消。水回りの空間を効率よく使って洗面室を広くした

暗くて狭かった玄関は、タタキを広げて収納を充実。さらに個室との間の壁にガラスブロックを入れて採光を確保した

## 玄関タタキを広げ土間収納を用意。自然光も取り入れる

　メゾネットの上の階は、玄関と個室がひとつ。玄関タタキが狭いことと、収納が足りないことが気になっていました。ベビーカーや三輪車など、子育て中のNさんには、靴や傘以外にも玄関廻りにしまいたいモノがたくさんあります。個室は少し狭め、代わりにタタキを広げて、土間収納として使える納戸を設けました。

　個室との間仕切り壁にはガラスブロックを埋め込み、窓の光を玄関まで届けます。「明るい玄関は気持ちがいいですね」とご主人。「外から帰ってきたときに、ほっと癒される心地がします」と感想を語りました。

# PLAN

専有面積／112.33m²
リフォーム面積／111m²

## リフォームのポイント

POINT

### Point 1 キッチンをセミオープンにして開放的に

キッチンの配列を変え、納戸を取り払ってLDKを広いワンルームにしました。壁や水回りの配置を大きく変えなくても、開放的なLDKが実現できるという好例です。

### Point 2 家事を同時進行できる効率のよい動線

キッチンの向かいにある水回りは、ユニットバスを交換して洗面室を広げ、洗濯機を設置。キッチンからは洗面室とダイニング、双方向に出入りできます。

### Point 3 廊下を広げて玄関の収納と採光を確保

間仕切り壁を移設し、玄関タタキを広げてたっぷりした収納を設けました。新しい壁にはガラスブロックを用いて、隣室の窓から光が入るように工夫しています。

親世帯と住まいを交換

Case 02
東京都渋谷区
Sさんの家

# 子どもの誕生を機に
# 2階から5階へ転居。
# 映像や音楽を楽しむ
# モダンなLDKを実現

家族構成●夫・妻（30代）、長男（2歳）、次男（1歳）
築年数●30年
専有面積●5階子世帯82$m^2$
2階親世帯70$m^2$
購入価格●親世帯と交換
リフォーム費用●1081万円
リフォーム面積●82$m^2$
リフォーム工期●約1カ月

**物件入手の経緯**
- ▶同棟内で住戸を母と交換
- ▶2世帯近居
- ▶子供の誕生を機に広い住戸に

**リフォームへの要望**
- ▶TVや音楽を楽しみたい
- ▶ライフスタイルを一新したソファでくつろぐ暮らし
- ▶イタリアンモダンの雰囲気

## 家族構成の変化に合わせて親子で住み替え

Sさんご一家は、同じマンションの2階（70$m^2$）と5階（80$m^2$）の住戸を所有しています。かつては、5階にお祖母さまとお母さま、2階にSさん夫妻の3世帯がお住まいでした。

お母さまから「住まいを交換しましょう」というお申し出があったのは、お祖母さまが他界し、Sさん夫妻に第2子が誕生したことがきっかけ。2階の住戸より5階の住戸のほうが広かったからです。

Sさん夫妻はありがたく提案を受け、転居に当たって、5階住戸を全面的にリフォームすることにしました。「ちょうど設備が古くなっていましたし、せっかく引っ越

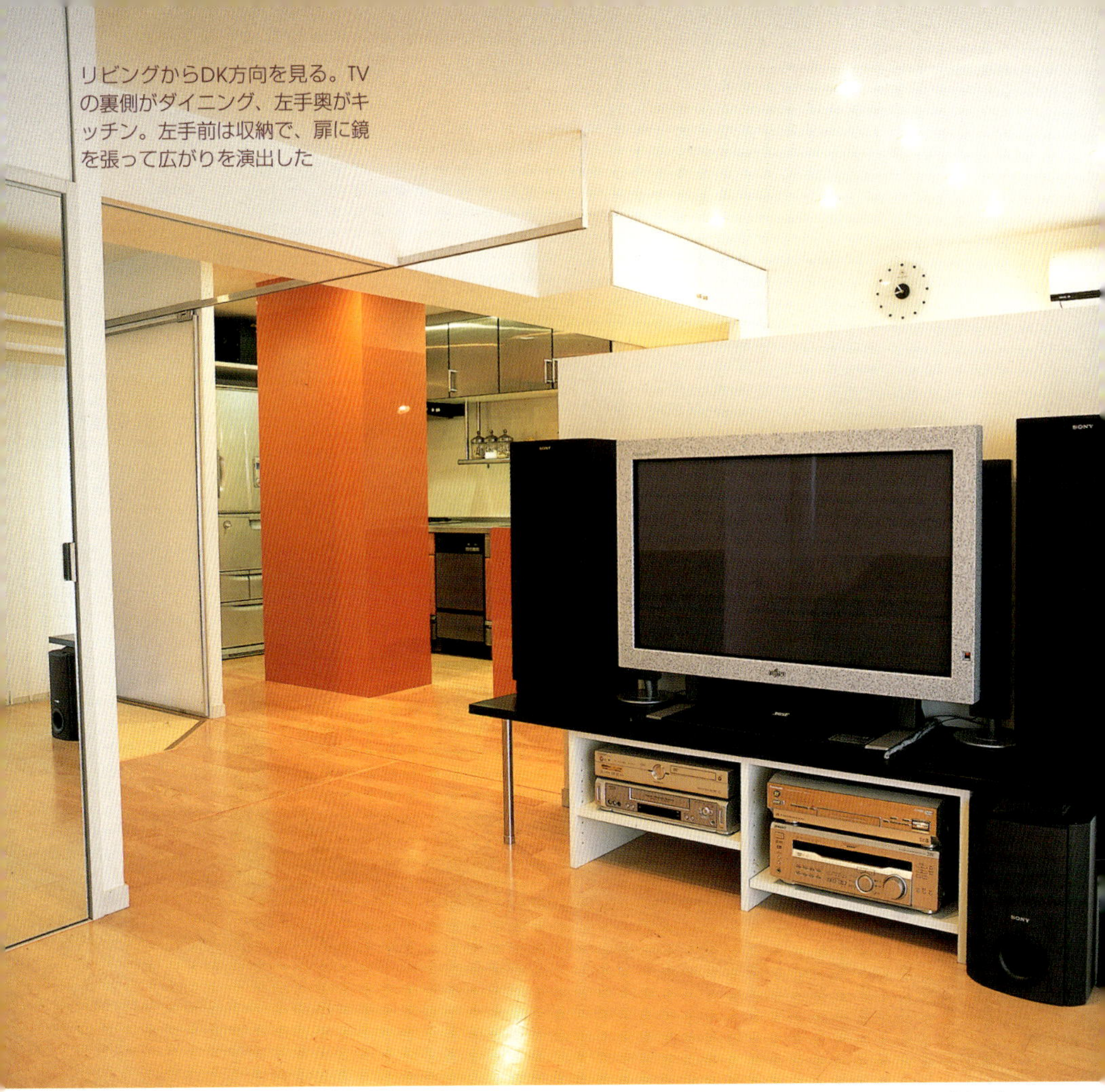

リビングからDK方向を見る。TVの裏側がダイニング、左手奥がキッチン。左手前は収納で、扉に鏡を張って広がりを演出した

可動間仕切りを開閉させれば、LDKと和室が七変化

明るいリビング。キッチンやダイニングが適度に目隠しされているおかげで、ご家族にとって、よりくつろげる空間になっている

寝室として使っている和室からダイニングキッチン方向を見る。ポリカーボネート製の吊り引き戸で仕切ることも可能だ。レールがなく、フラットな床に

ダイニングは適度に壁に囲まれた落ち着いた空間。インテリアは清潔感のある白を基調にまとめた。左手奥に和室が見える

キッチンはイタリアンモダンをイメージした朱色。ＬＤとの間に床から天井までのキャビネットを設けて収納量を確保した

すなら、ライフスタイルを一新したいと思ったんです」とご主人。

## 畳から椅子へ。生活スタイルの一新を図る

マンションは築30年で、和室が3間に洋室1つ、窓のないダイニングキッチンという古めかしい間取り。これからは「ソファを置いて、ゆっくりくつろぎたい」と考えたそうです。畳の生活から椅子中心の生活への転換でした。

また、当面は2人の小さな男の子の子育てに忙しい日が続きます。家事効率のよい動線や、片付けやすい収納計画も課題でした。

できるだけ開放的にするため、リビングダイニングとキッチンは、ワンルームに。

「食後、ソファに座ってのんびり

Before

LDK全景。左がダイニング、右がリビング。開放感を損なわずにそれぞれ落ち着きを出すため、高さ約1.5mの壁で適度に仕切った

ＴＶや音楽を楽しみたい」という願いから、ダイニングとリビングの間に約１・５ｍの背の低い壁を立てて軽く仕切りました。この壁にＴＶ台を造り付け、チューナーやスピーカーなどのＡＶ機器をまとめて納め、配線は壁の中に。

キッチンはＬ字型にして、ダイニングと対面するよう配置しました。カウンター下収納と、キッチン背面のトールキャビネットで収納量を確保します。

ＬＤとひとつながりで使える和室が寝室。手持ちのタンスもここに置きます。ＬＤとの仕切りは、アルミのフレームに半透明のポリカーボネート製の建具を用いた、吊り下げの引き戸。締め切っていても光が通って明るく、閉塞感もありません。

洗面室は、位置を90度変えて収納扉をスライド式折り戸に。収納量があり、モノの出し入れがしやすい

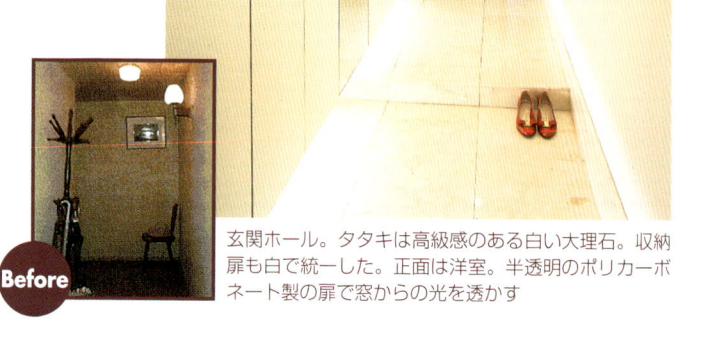

玄関ホール。タタキは高級感のある白い大理石。収納扉も白で統一した。正面は洋室。半透明のポリカーボネート製の扉で窓からの光を透かす

## 子どもたちの成長に対応できるよう洋室に入り口を2つ

リフォーム前には下駄箱もなかった玄関には、壁面収納を造り付けました。圧迫感がないようにすべて白で統一、収納の下部には照明を入れてあります。

玄関正面の洋室は、将来の子ども室。今はまだ2人とも幼いけれど、いずれはそれぞれの個室が欲しくなるでしょう。そこで、出入り口を2つ用意し、2室に仕切れるようにしておきました。ここもポリカーボネート製の引き戸なので、窓からの光が廊下まで届きます。「ずっとマンション住まいで、広くて明るい空間が憧れでした。それが同じマンションで実現できるなんて」と大満足のご夫妻です。

PLAN

専有面積／82m²
リフォーム面積／82m²(全面改装)

Before

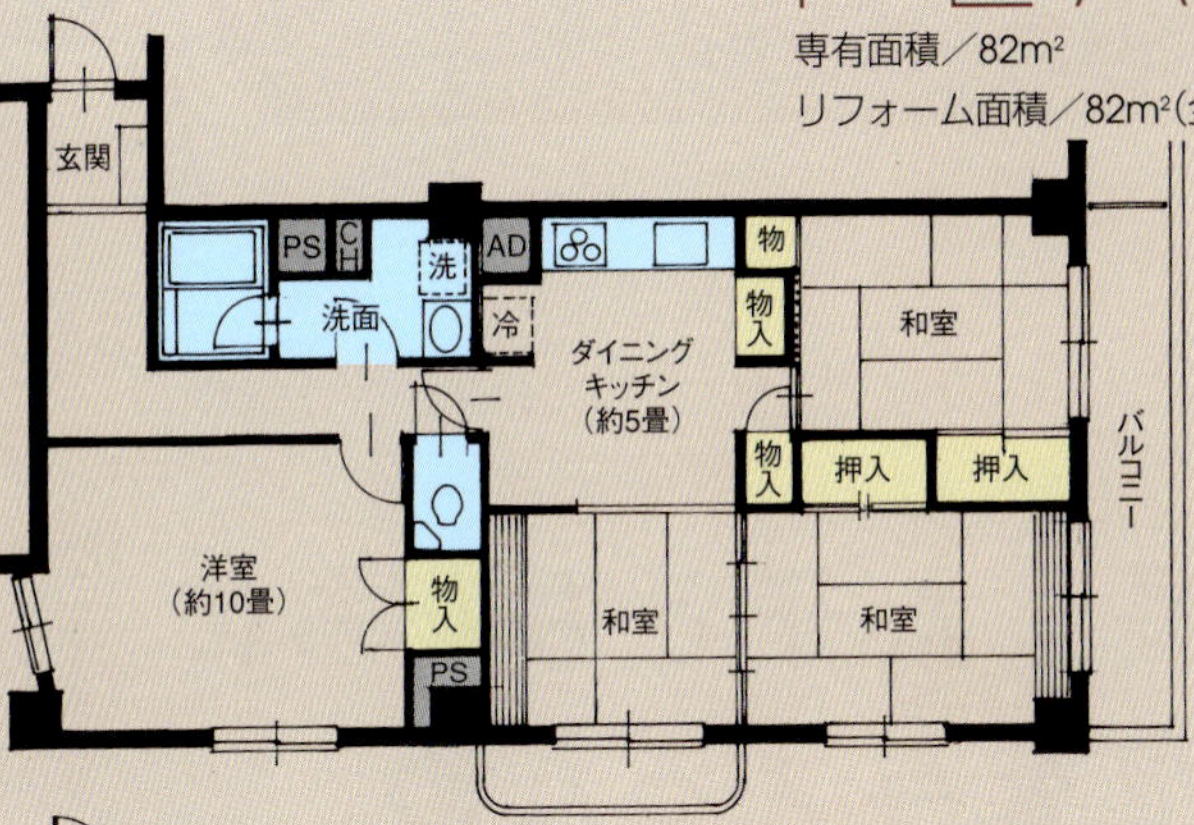


After

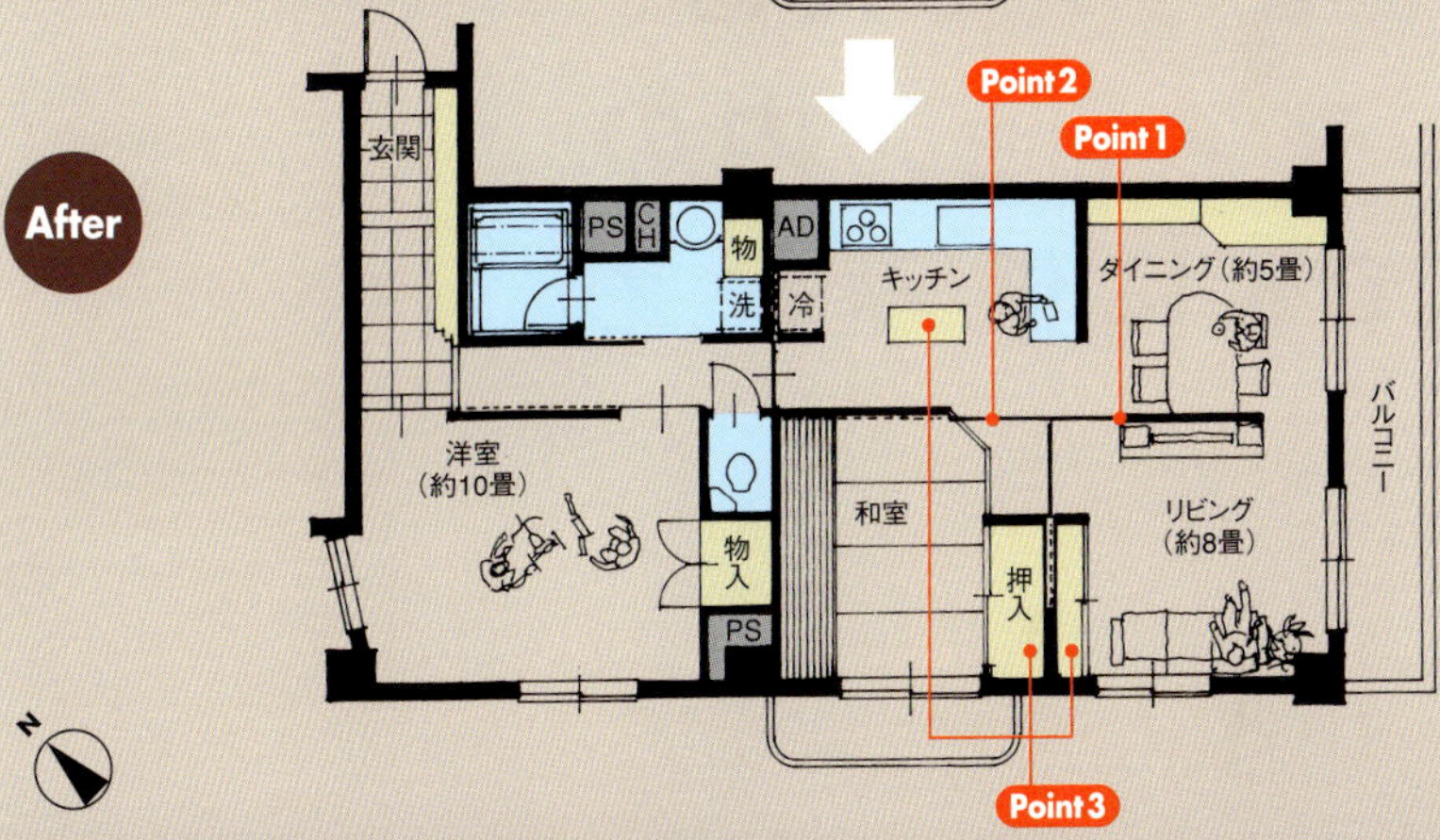


POINT

## リフォームのポイント

### Point 1 田の字型空間から光を通すワンルームに

細かく仕切られた和室中心の空間を開放的なワンルームのLDKに。光を通しながら、それぞれが独立した部屋としても使えるように工夫しました。

### Point 2 可動間仕切りを多用した自由度の高い間取り

モダンで軽いポリカーボネート製の吊り下げの引き戸を、和室とLDKの間にT字に設けました。この吊り戸を開閉することで、部屋の組み合わせが何通りもできます。

### Point 3 開放感を損なわず収納量を確保する工夫

リビングと寝室の間にまとまった収納スペースを。キッチン背面のトールキャビネットは、インテリアのアクセントにもなります。玄関や洗面室の収納も増やしました。

同じマンション内の広い住まいへ

Case 03
東京都品川区
Kさんの家

# 成長した子どもたちに個室を与えるため、同じマンション内の4LDKに住み替え

家族構成●夫（50代）、妻（40代）、長男（16歳）、次男（13歳）
築年数●22年
専有面積●140m²
購入価格●約5000万円
リフォーム費用●1789万円
リフォーム面積●109m²
リフォーム工期●約2カ月半

**物件購入の決め手**
▶住み慣れたマンション内
▶子どもに個室を与えられる広さ

**リフォームへの要望**
▶家族と対面できる広いキッチン
▶子どもの帰宅がわかる間取り
▶天井が低くて暗い玄関を素敵にしたい
▶収納がたくさん欲しい

## 住み慣れたマンションの広い住戸に住み替え

２人の男の子が中学校に進学し、住まいが手狭に感じられるようになったＫさんご夫妻。住み慣れたマンション内で、広い住戸を購入しての住み替えを決意なさいました。これなら、隣人との交流が断たれることもありませんし、子どもたちの転校も心配しなくて済みます。

リフォームは以前の住まいで経験済み。そのときの満足度が高かったので、今回も同じリフォームプランナーに頼むことにしました。新しい住まいはルーフバルコニー付きの４ＬＤＫ。部屋数はぴったりなので、ＬＤＫと水回りを中心としたリフォームになりました。

友人や家族と一緒に囲める、カウンターの広いキッチン。コンロもLDと対面に配し、前面に強化ガラスを張っている

キッチンに立てば、LD全体が見渡せる。２方向に窓があるLDは明るく気持ち良い空間。落ち着いた色のフローリングを選んだ

ダイニング側からキッチンを見る。カウンター側面や背後の壁にモザイクタイルを貼ってインテリアのアクセントにしている

## 調理台が広く家族との会話も弾む対面キッチン

奥さまはお料理好きで、お菓子づくりの腕はプロ並み。

キッチンはたっぷりと広く、リビングダイニングが見渡せる対面式にしました。何人かで一緒に作業することもできるように、カウンターを丸く張り出させて、調理台を広げています。

コンロの前には強化ガラスを張っているので、料理中も家族の顔が見えます。

キッチンの背面には、大小様々な調理道具が収納できるトールキャビネットを設置。目立たないコーナー部分に家電やゴミ箱を置くスペースを用意しました。

COLUMN

# 学齢前の息子の自立心を養った最初のリフォーム

## 以前住んでいた住戸も同じプランナーとリフォーム

住み替え前の住戸は75㎡ほどの2LDK。新築で購入し、15年ほど経ったところで設備の更新を含めてリフォームに踏み切りました。

ポイントとなったのは、やはりキッチンと子どもたちのスペースでした。当時2人の息子は4歳と6歳とまだ幼かったので、奥さまがいつもいるキッチンのそばに子ども室をつくることになりました。

もとは独立型だったキッチンをセミオープンにし、廊下だった部分にカウンターを設けて収納量を増やし、カウンター越しに子どもたちと会話できるようにしました。

LDに隣接していた和室と廊下を撤去して、コンパクトな子ども室を計画。隠れ家のような楽しい2段ベッドを境界にして、兄弟それぞれの勉強机を造り付けました。LDKとの間は、閉めても開けても使える引き戸です。

キッチンも子ども室もポップな黄色で、かわいらしい印象でした。

リフォーム後のキッチン。壁で仕切られていた部分にカウンターを設け、視覚的なつながりと広がりを演出した

キッチンの向かいに設けられた子ども室。机の奥は2段ベッドで、手前の部屋と奥の部屋の両側から使う

キッチンに通じる引き戸を開けたところ。開けておけば子どもたちの気配もわかる

玄関ホール。3段の折り上げ天井が豪華な雰囲気を醸し出す。正面はキッチンに通じる引き戸。閉めれば壁と一体に見える

洗面室の収納はカウンター下にまとめた。扉は清潔感のある白。洗面台の上は全面を鏡張りにし、空間の広がりと使い勝手を向上

## 親子をつなぎ 来客を迎える 広々とした玄関

2人の息子には個室が必要ですが、かといって、帰ってきたことがわからないような間取りでは困ります。

そこで、玄関の壁を取り払ってホールを広げ、キッチンとの間に引き戸を設けました。この扉を開け放っておけば、キッチンにいながら、玄関から子ども室に向かう息子たちと声を掛け合えます。

また、この扉は、来客時などに閉めきると壁と一体に見えるつくりになっています。

「キッチンにいることが多い私にとって最適の間取り」と喜ぶ奥さま。ブラウン系のシックなインテリアは来客にも好評だそうです。

専有面積／140m$^2$
リフォーム面積／109m$^2$

# PLAN

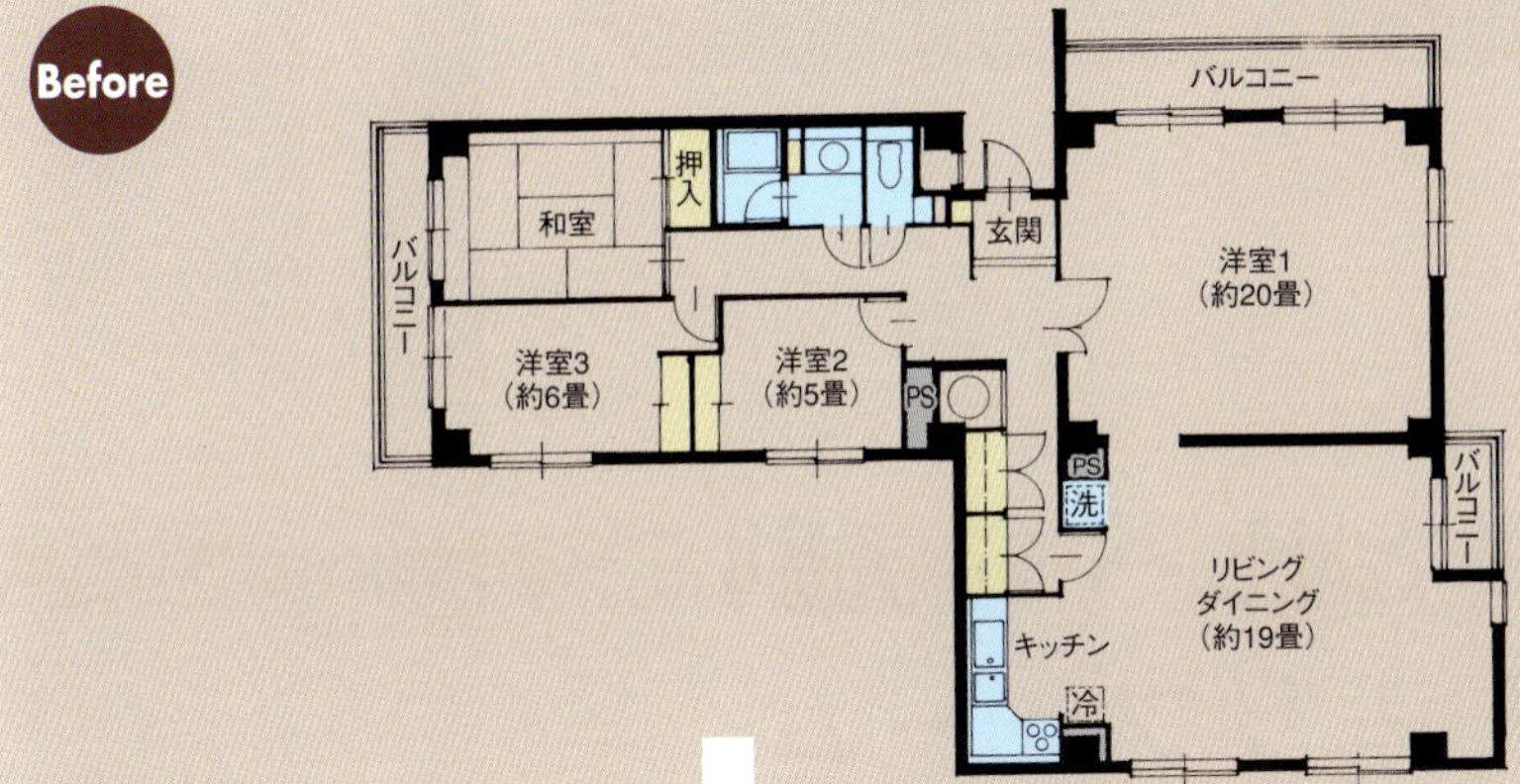


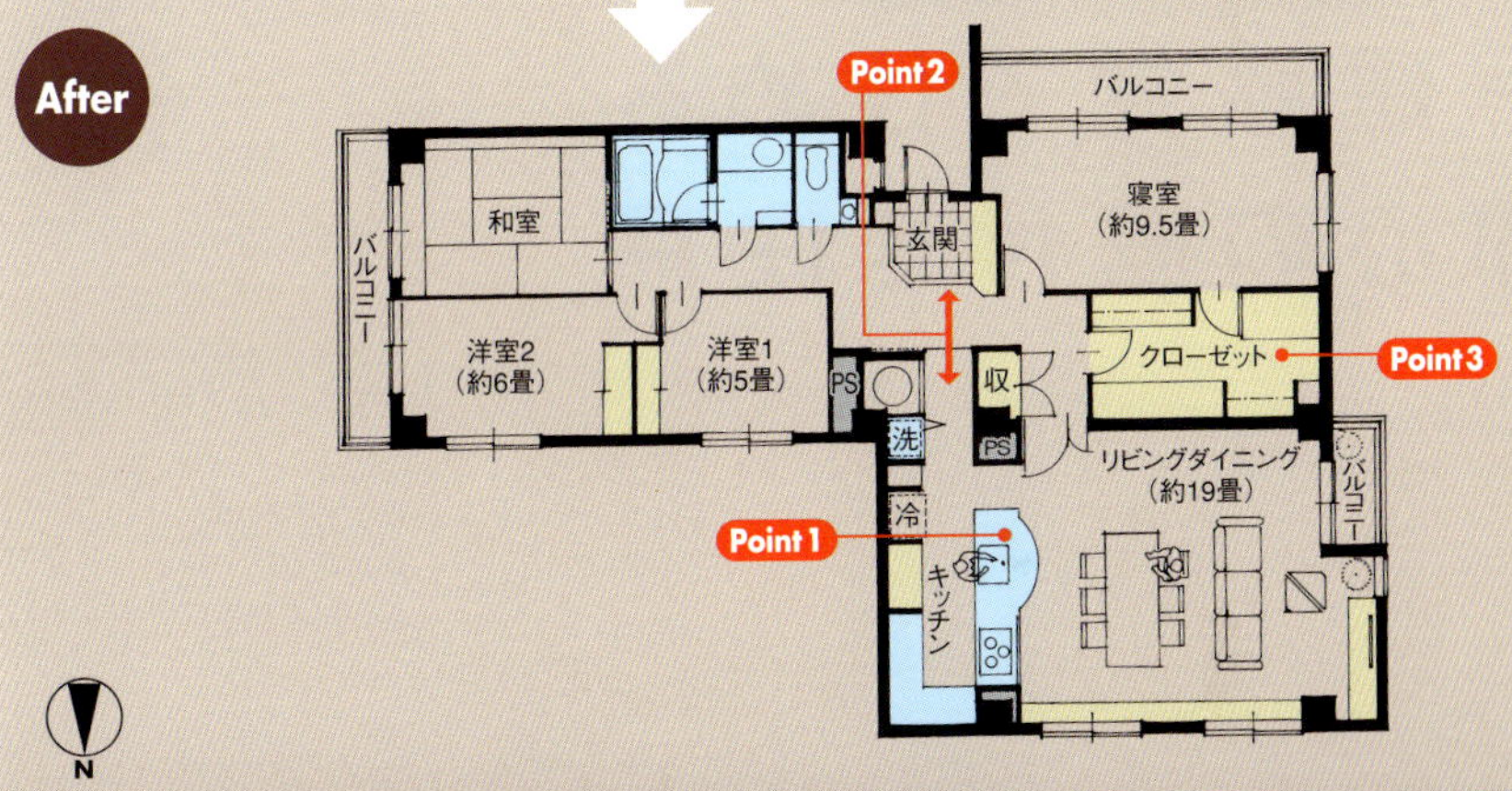


## リフォームのポイント

# POINT

### Point 1 数人でも作業可能な対面式のキッチン

キッチンは対面式のコの字型。料理しながら常に家族の様子がわかるよう、コンロもシンクもLDと対面する配置です。何人かで囲めるように、作業台も広げました。

### Point 2 キッチンからも見通せる広い玄関

玄関と廊下の間の壁を取り払い、タタキもホールも広くしました。キッチンとの間は引き戸で、ふだんは開け放てます。キッチンにいても家族の出入りがわかります。

### Point 3 たっぷりしまえる収納計画

主寝室には窓をふさがない程度にウォークインクローゼットを設置。主寝室側と廊下側、両方にドアがあるので、朝の身支度にも、洗濯した衣類をしまうのにも便利です。

都心に新築相場の7割で
理想の住まい

Case 04
東京都渋谷区
Sさんの家

# 新築と比べ約7割で購入＋リフォーム。戸建感覚で住める都心の庭付き住戸

家族構成●夫・妻（30代）、長女（2歳）
築年数●27年
専有面積●71.50$\mathrm{m}^2$
購入価格●約3550万円
リフォーム費用●873万円
リフォーム面積●71.50$\mathrm{m}^2$
リフォーム工期●約2カ月

**物件購入の決め手**
▶都心の駅から徒歩10分以内
▶希望通りの専有面積70$\mathrm{m}^2$
▶庭付きで日当たりがよい

**リフォームへの要望**
▶全面的な間取り変更
▶専用庭を生かしたLDK
▶収納を確保しすっきりと

## 予算と立地と広さ条件が揃った物件が新築には見当たらない

Sさんがマイホームに求めていたのは、最寄り駅から徒歩10分以内で、専有面積は70$\mathrm{m}^2$という条件。加えて「日当たりがいいとさらに望ましい」と考えていました。購入予算は4000万円台。それほど難しい条件とは思っていなかったのに、都内の新築マンションの中には希望に合うものが見つからなかったそうです。

「新築マンションの設備はあまりいいと思えないし、リフォーム済みの中古はどうも間取りがちぐはぐで、使いにくそう」と感じた奥さま。手を加えていない中古マンションを探して、好きなようにリフォームしようと考えました。

リビングの天井は20cm高くしてより開放感を。ダイニング側の天井にはダクトが通っているため、高さはそのまま。食事の場らしく落ち着いた雰囲気

窓側からLDK全体を見渡す。右手は子ども室。「ソファに座って庭を眺めるのが大好き」と奥さま。キッチンは配膳に便利な配置だ

Before

（右）玄関から廊下を見通す。右手の扉は水回りへの入り口で、半透明の引き戸に。白い扉はキッチンへの出入り口で、開放しておくこともできる。その奥の扉がLDKへの出入口　（左）廊下の壁の厚みを利用してニッチをつくり、絵や小物を飾るコーナーに

## 全面改装を前提に庭付き住戸を購入

Sさん夫妻が見つけたのは、築27年のマンション1階の住戸。日当たりがよく、専用庭が付いていることが魅力でした。

「黒カビが見られなかったので、通気もいいだろうと思いました。庭付きの戸建て感覚で、子どもも思う存分遊べます」とご主人。

さっそく、不動産会社に連絡を取りました。メンテナンス履歴を調べてもらい、計画通りに進んでいることを確認。「ここは駅から近いので人にも貸せる」という不動産会社の話も、将来賃貸や売却を考えていたSさんにとって購入の後押しになりました。価格は約3550万円で、同条件の新築に比べ、約4割安い値段でした。

このときまだ2歳の長女の部屋。引き戸を閉め切ることもできるが、現在はLDと一体で広々と使う。背後の引き戸は納戸

主寝室と子ども室の間にある納戸。右側に手持ちの家具、左側にふとんを納めた。ご主人は出勤前、ここでスーツに着替えるそう

既存の内装材や設備はすべて撤去してスケルトン状態に。Sさん夫妻の希望に合わせて、一からつくり直す作業の始まりです。

## LDKは子ども室と一体にして広く使う

リビングダイニングは庭に面した南側にもってきます。子どもが大きくなっても孤立しないよう、子ども室はリビングの隣に配置。リビングとの間仕切りは、日頃は開け放っておけます。子ども室とリビングダイニングが一体に使えて、空間の広がりが保てます。

子ども室と主寝室の間には、両側から使える納戸を設けました。2方向が開くので換気もできます。中には手持ちのクローゼットを納め、Sさん自ら、手づくりで棚を取り付けました。

水回りは撤去できないブロック壁で囲まれていた。同じスペースの中でなるべく広くするため、浴室はタイル貼りにした

以前と同じ壁付けのＩ型だが、LD側に視界が開けているので閉塞感はない。対面式カウンターを設けて、連続性を持たせた

Before

## 予算内で思い通りの住まいに

マンションの構造が古く、水回りはブロック壁で囲まれていて、さらに排水管は床下に埋め込まれていたので、排水口の位置は動かせません。キッチンはコンロの位置だけ変え、ダイニングとの間に対面式カウンターを設けました。

浴室はユニットバスではなく、タイル貼りに。少しでも空間を広く使う工夫です。

リフォーム費用は約８７３万円。マンション購入費と合わせても、近隣の新築を購入した場合の７割程度の金額で済みました。

完成してみて「悔やむことは一つもない」と大満足の奥さま。予算内で思い通りのマンションを手に入れる、賢い選択でした。

# PLAN

専有面積／71.5m²
リフォーム面積／71.5m²（全面改装）

## リフォームのポイント

# POINT

### Point 1 スケルトンで納得のいく間取りに

南側の庭に面して家族が団らんできるLDを確保しました。子ども室の引き戸を開ければ、さらに広々としたワンルームになります。

### Point 2 キッチンの動線をスムーズに

キッチンへは廊下側、LD側の２方向に動線が確保でき、通風も動線もスムーズに。視界も開け、調理中もLDに目が行き届きます。

### Point 3 見せる隠すのメリハリをつけた収納ですっきりと

主寝室と子ども室の間に設けられた納戸などの隠す収納と、ニッチなどの見せる収納とを使い分け、すっきりとした空間にまとめました。また、２方向が開くので換気も可能。

別棟への住み替えで3世代同居

Case 05
神奈川県鎌倉市
Iさんの家

家族構成●夫(50代)、妻(40代)、長女(24歳)、長男(16歳)、祖父(90代)、祖母(80代)
築年数●32年
専有面積●102.53m²
購入価格●約1300万円
リフォーム費用●約970万円
リフォーム面積●102.53m²
リフォーム工期●約2カ月

**物件購入の決め手**

- ▶両親と一緒に暮らせる広さ
- ▶住み慣れている環境

**リフォームへの要望**

- ▶6人が快適に過ごせる間取り
- ▶手持ちのアンティークに合うインテリア
- ▶両親にも使いやすい水回り

# 同じマンション内の広い別棟に住み替え。大人6人で暮らすシックな住まい

## 模型や図面をつくって奥さまの要望を娘さんが整理

鎌倉の緑豊かな場所にあるマンション。Iさんご一家は、20年ほど前からここにお住まいでした。

買い替えを検討したのは、ご両親との同居がきっかけ。戸建も視野に入れて近隣を探しましたが、なかなか予算と条件に合う物件が見つからなかったそうです。そこへ、知人からの情報で、同じマンションの他の棟に100㎡超の住戸が売り出されていることを知り、購入に踏み切りました。

プランナーとの打ち合わせには、毎回娘さんも参加。奥さまのリフォームに対する思いを受けて、娘さんが図面や模型をつくりながら、要望を整理していったそうです。

キッチンの位置は既存のまま。隣室との間仕切り壁を移動して少し広げた。床は水に強い塩ビタイルで、落ち着いた色合いを選んでいる

建物が壁式構造なので、撤去できない壁が多い。LDの広さも既存とほぼ同じだが、出入り口をオープンにして、少しでも明るく

## 廊下を削って空間確保
## インテリアは手持ちの
## 家具に合わせた

マンションで大人6人が暮らすには、面積を有効に使い切る工夫が必要です。全面リフォームを行って廊下を極力減らし、生活空間を確保しました。

「イギリスの田舎の雰囲気が好き」

家具は奥さまが長い時間をかけて集めたもの。内装材も、手持ちの家具のクラシックな色合いに合わせて選んでいる

リビングからキッチンを見る。既存の親子ドアを取り外し、常時オープンに。丸みのあるクラシックな木枠を付けた

キッチンの天井には化粧梁を取り付け、田舎家風に演出。壁面の飾り棚には、お気に入りの小物がディスプレイされている

とおっしゃる奥さまは、以前から少しずつ、クラシックな家具や雑貨を買い揃えていらっしゃいます。新しい住まいではこれを生かして、インテリア全体をトータルにコーディネートしました。

　フローリングや建具、天井の回り縁などは、家具の色に近い色調をチョイス。一つ一つの形や取っ手など細部にもこだわっています。リビングとキッチンの間の出入り口は、既存のドアを外してオープンにし、丸みを帯びた木枠で縁取りました。

　キッチンにはサービスバルコニーがあり、ガラスドアが入っているので、自然光が差し込みます。この光がリビングまで届き、以前より明るくなりました。閉塞感がないよう、家具の配置にも工夫しています。

洗面コーナーはホールに移動させた。こまごまとした化粧品類などは袖壁を利用した浅い収納棚に。額付きの鏡がクラシック

タンクを隠してすっきりさせた便器

玄関ホール。水回りとの配置を少し変更した。正面の額がかかっている壁の裏が洗面コーナー。小窓のついたドアの奥がキッチン

## 玄関と水回りは少しずつ調整しながら使い勝手を工夫

玄関ホールを広げることは難しいので、隣接のトイレと両側から兼用する収納と飾り棚を設置して収納量を確保しています。

トイレと脱衣室はそれぞれ可能な限り広く取り、洗面室を独立させて、ご両親の寝室の近くに移動しました。

「これまでにもリフォームは経験していましたが、部分ごとだったので、やや不統一でした」と振り返る奥さま。「今回は、一度に家全体をリフォームできたので、思い通りのイメージにまとまりました」と感想を語ります。時間をかけて選び抜いた家具が、空間にしっくりと溶け込んでいました。

PLAN

専有面積／102.53m$^2$
リフォーム面積／102.53m$^2$（全面改装）

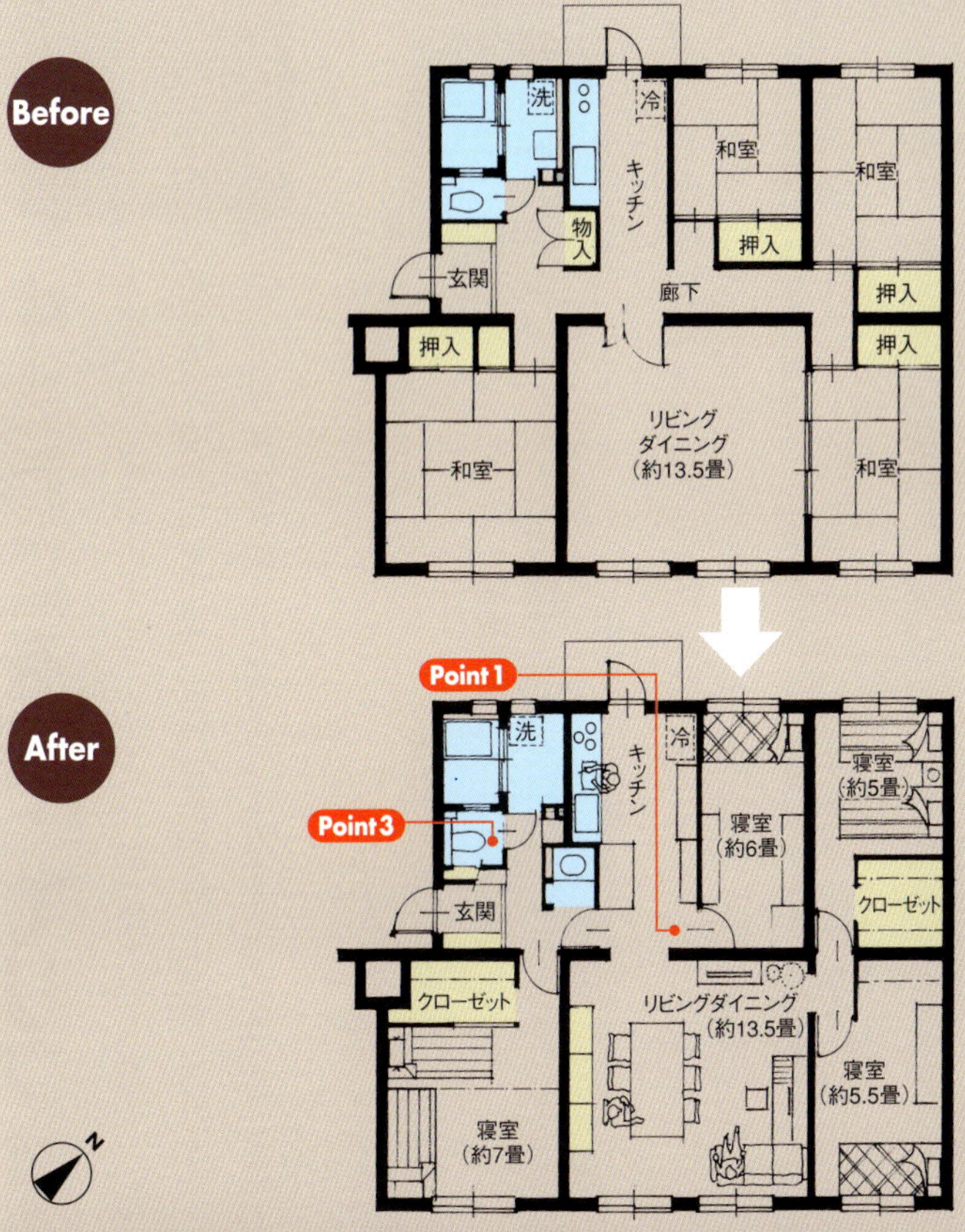


POINT

## リフォームのポイント

### Point 1 6人家族のために廊下を削って面積確保

間取り変更が難しい壁式構造。廊下はできるだけ生活空間に組み込んで、各室の広がりを確保しました。両親の部屋は水回りの近く。ほかの部屋にはLDK経由で出入り。

### Point 2 手持ちの家具に合わせたインテリア

イギリスの田舎風のクラシックな家具は、奥さまがこれまでに長い時間をかけて買い集めたもの。床材や建具類は、家具の色に近いものを選びました。

### Point 3 高齢のご両親も使いやすい水回り

マンションの構造上、床段差は解消できませんでしたが、トイレはできるだけ広くして出入り口を開き戸に。洗面台は脱衣室と分け、ご両親の部屋の近くに移動しました。

COLUMN 01

# 中古戸建を買ってリフォームするには？

本書では、ターゲットをマンションに絞ってお話を進めていますが、もちろん中古住宅市場には戸建の物件も豊富にあります。ここでは、戸建を購入してリフォームする際の注意点を見ておきましょう。

## 戸建なら外観の一新や増築・「減築」もできる

マンション永住派が増えていますが、「庭付き一戸建て」に魅力を感じる人も多いでしょう。

戸建の利点は独立性と自由度の高さ。リフォームで外観イメージを一新することも、給排水管の更新も、個人の意思で決められます。増築はもちろん、不要な面積を削る「減築」も可能。ただし、「建築基準法」などのルールには従わなければなりません。

## 耐震チェックの目安は建てられた年月

中古住宅を買うとき、まず確かめたいのは、広告などの概要に「再建築不可」や「既存不適格」と書かれていないかどうかです。

いずれも、その建物が「現在の法律に合っていない」ことを示す用語。そのまま住むことは可能ですが、増改築や建て替えに制限が加わるため、内容について確認したほうがよいでしょう。

また、築年数は、老朽度はもちろん、耐震性にも関わります。1981年6月以降に建築確認が下りた建物なら、「新耐震基準」（134ページ参照）と呼ばれる、現在と同じレベルの耐震設計に沿って建てられているとみなせます。

ただ、設計が基準通りでも、雨漏りなどで老朽化が進んでいる場合にはこの限りではありません。チェックポイントとしては、左表のような項目が挙げられます。不安が残る場合は、専門家による耐震診断を受けるとよいでしょう。

## 検査済証と10年保証があればベスト

とくに、リフォームを前提として購入する場合、「検査済証」が残っているかどうかもポイントです。「検査済証」とは、建築確認申請どおりに建てられているかどうか検査したことを証明する書類。実はこれを取っていない物件も少なくありません。

増築を含む大規模なリフォームを行う場合には、建築確認申請が必要です。このとき、既存建物の「検査済証」がないと、調査や申請に時間がかかってしまいます。また、竣工時の設計図書やこれまでのリフォーム履歴がわかる資料が揃っていると、プランニングもスムーズです。

さらに、2000年4月以降に契約が行われた物件なら「住宅品質確保促進法」に則った10年保証がついていればベストです。

## ツーバイフォー住宅のリフォーム

次ページでは、ツーバイフォー工法（枠組壁工法）で建てられた住宅のリフォーム事例をご紹介します。ツーバイフォーは耐震性や断熱性など基本性能に優れ、リフォームにも対応しやすい工法です。

構造的な確認や補強などを適切に行うことで、間仕切りを取って部屋を広げたり、古いサッシを背の高いものに替えたり、吹き抜けをつくったりと、さまざまな希望に応えることができます。

### 住宅の構造躯体チェックポイント

| | |
|---|---|
| 地盤・基礎 | 地耐力はよいか？ |
| | 基礎にひび割れはないか？ |
| | 鉄筋は入っているか？ |
| 建物の平面の形・立面の形 | 平面形が不整形ではないか？ |
| | 上下階のバランスはとれているか？ |
| 壁の配置・壁の割合・筋交い | 壁配置のバランスはとれているか？ |
| | 壁の量が足りているか？ |
| | 筋交いは入っているか？ |
| 老朽度 | 腐食・シロアリ被害はないか？ |

海が見えるリビング。フローリングは一部白いタイルに張り替えた。壁紙も白でまとめて明るい雰囲気に

ツーバイフォー工法
中古戸建リフォーム

**神奈川県大磯町 Sさんの家**

家族構成●夫・妻（40代）、長女（10代）、犬
築年数●15年
購入価格●9400万円
リフォーム費用●2400万円（外構含まず）
リフォーム面積●226m²（全面改装）
リフォーム工期●約3カ月

# 海を見渡す立地を生かしのびのびとした住まいに

平成17年度「住まいのリフォームコンクール」
水回り部門優秀賞 受賞※

## 明るいワンルームのLDK、ビール片手に海を眺めるお風呂

道1本隔てて向こうは海岸。海を見晴らす絶景のロケーションに惚れ込み、購入を決めたというSさん。

ご夫婦と大学生の娘さんの3人家族で、揃っておおらかで快活なお人柄です。その雰囲気にふさわしい、開放的な住まいをお望みでした。かつて家を囲んでいた塀や植栽を取り払い、道路からそのまま車を乗り入れられるオープンなファサードにリフォーム。ステンドグラスを入れた両開きの玄関ドアで、家族や来客を迎えます。

眺めのいい2階には、リビングと水回り。必要最低限のドアのみ残し、あとは扉を撤去して広がりを持たせました。

それぞれ区切られていた洗面・

※住まいのリフォームコンクール（主催：財団法人 住宅リフォーム・紛争処理支援センター　後援：国土交通省）

バスルームからは直接バルコニーに出られる。可能な範囲で壁を撤去し、ピクチャーウィンドウに

洗面・トイレ・浴槽が一つの空間にある欧米スタイルのバスルーム。白いタイルとガラスモザイクタイルのコントラストが美しい

トイレ・浴室は、まとめてワンルームに。海に面した部分に可能な限りの大きさで窓を設け、円形のバスタブを設置しました。湯舟につかりながら、海を眺めることができます。

「グラス片手にお風呂を楽しむ夢が実現して本当にうれしいわ」と語る奥さま。次はジャグジーをつくるプランも考えているそうです。

都心回帰、娘家族と隣居

Case 06
東京都文京区
Hさんの家

# 娘さんの住む
# 隣の住戸へ。
# 広々LDKで楽しむ
# 愛犬との暮らし

家族構成●本人(70代)
築年数●28年
専有面積●75.75m²
購入価格●約3800万円
リフォーム費用●1315万円
リフォーム面積●75.75m²
リフォーム工期●約3カ月

**物件購入の決め手**

▶娘家族の隣室に住める
▶駅から徒歩5分以内
▶緑豊かな自然環境
▶マンション自体が大規模修繕工事中

**リフォームへの要望**

▶2LDK+Sの間取りを1LDKに
▶将来に備えてバリアフリーに
▶愛犬と暮らせる内装に

## 娘さんに誘われて戸建住まいから都心のマンションへ

70代の女性、Hさんは、長く千葉県の庭付き戸建にお住まいでした。10年前にご主人に先立たれてからはひとり暮らし。愛犬の世話と趣味のガーデニングにいそしむ日々だったそうです。

そこへ、結婚して都心に住む娘さんから「そばに引っ越してこない」とのお誘いがありました。マンションの隣室が売りに出たというのです。JRや地下鉄の駅にも近く、外出にも便利です。Hさんは思い出の残る町を離れる決意を固めました。

広々としたLDKでくつろぐHさん。室内は床暖房で暖かい。間仕切りやテーブルが丸みを帯び、柔らかな印象の空間

和室とLDKは段差なくつながっている。写真右手の赤い間仕切りは寝室。曇りガラスをはめ込んで連続感をもたせた

北西の角に設置された寝室。LDKとはアール状の壁で仕切り、柔らかい感じを出した

住まいのどこにいてもルーフバルコニーが見える。天井はできるだけ高くし、太い梁型を間接照明に利用して圧迫感を消した

## 個室は寝室だけにしてLDKと和室が一体のワンルーム空間に

購入した住戸は75$m^2$とゆとりがありますが、戸建に住んでいたHさんにはどこか息苦しさが感じられます。これからのことを考えると、バリアフリーにもしておきたい。愛犬に配慮した内装もご希望でした。

ひとり住まいなので、２ＬＤＫ＋Ｓの間取りは１ＬＤＫに変更。寝室だけを独立させたほかは、段差のない和室も含め、ワンルームで使えるようにしました。ルーフバルコニーから差し込む光が空間全体に広がり、明るく気持ちよく過ごせます。

Ｈさんの定位置は、ＬＤＫ全体を見渡せるキッチン。ここにいれ

オープンなキッチンを拠点に、家中どこにでも行ける動線。写真左奥の扉が水回りで、そこを通って玄関にも出られる。写真右側にはデスクコーナーを設けた

ばルーフバルコニーの庭が眺められ、その向こうにある、娘さん一家の住まいの様子もわかります。

キッチンの対面には丸みのあるテーブルを造り付けました。ひとりの食事の配膳も後片付けもスムーズですし、娘さんとのお茶の時間にもぴったりです。

最も長い時間を過ごすキッチンが、一番眺めのいい位置になるよう工夫した。ガスコンロはIHクッキングヒーターに取り替え、オール電化に

玄関ホール廻りの建具を開放すると、ウォークインクローゼットと水回りを含めた回遊動線ができ、動きやすく風通しもよい

バリアフリー仕様の水回り。トイレ手前の出入り口はキッチンへ、奥の引き戸は玄関に通じている

## 床はバリアフリー。ぐるりと一周できる便利な回遊動線

　俳句の会にも所属しているHさんなので、キッチンの傍らにはデスクコーナーを。ここはインターフォンや電話、コントローラー類のある司令塔です。

　ユニットバスの入り口以外、床はすべてフラットなバリアフリー仕様です。ＬＤＫから水回り、玄関まで、ぐるりと移動できる回遊動線で動きやすさも抜群。オール電化で、火を使わない安全性の高い暮らしを実現しました。

　愛犬と気持ち良く暮らすため、掃除しやすいワックスフリーのフローリングを採用。娘さんやお孫さんと足繁く行き来する、楽しい新生活が始まっています。

# PLAN

専有面積／75.75$m^2$

リフォーム面積／75.75$m^2$（全面改装）

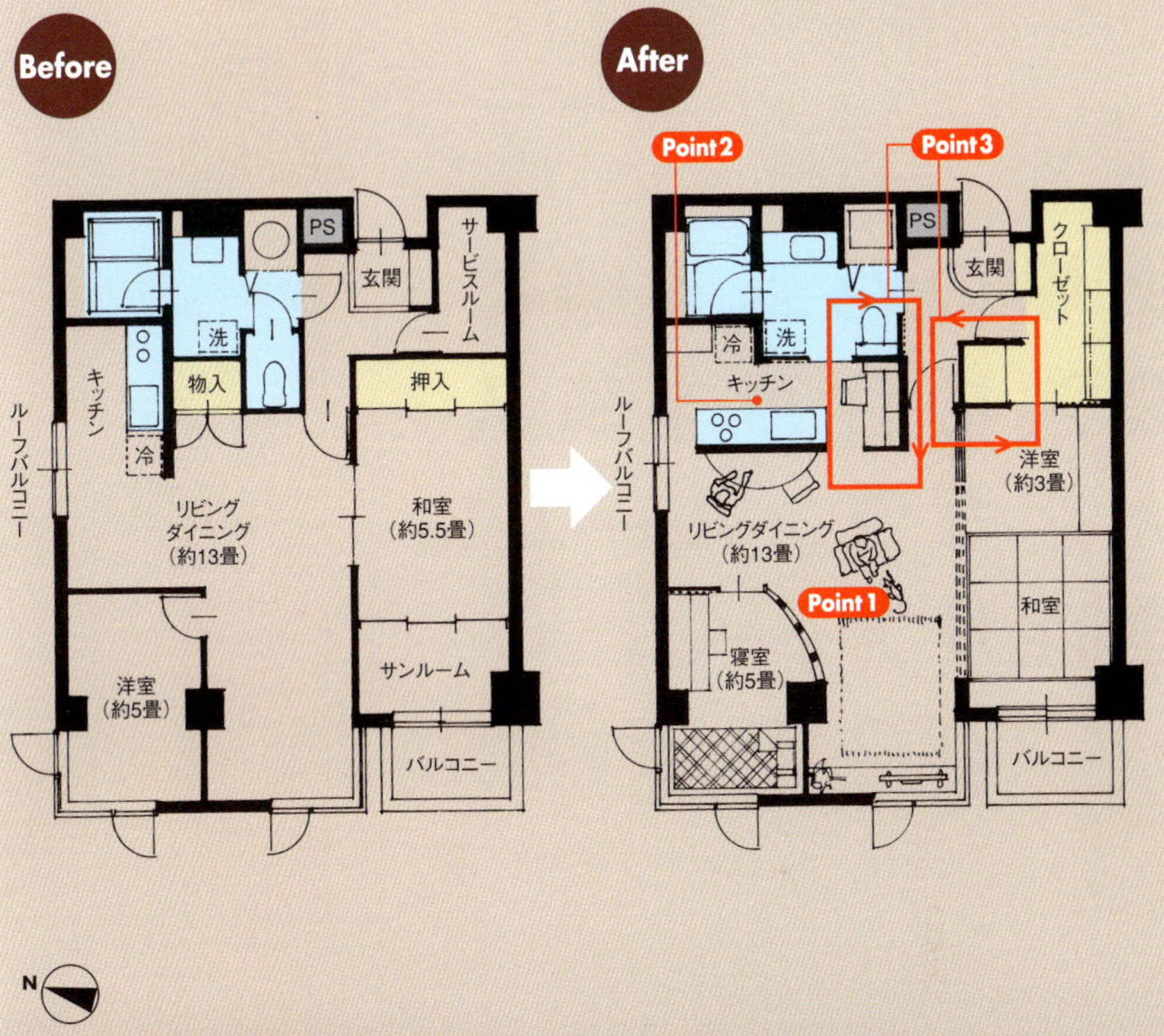


# POINT

## リフォームのポイント

### Point 1 圧迫感がなく、明るい開放的な空間

ずっと戸建に暮らし、マンションに抵抗があったHさんのために、家全体を広いワンルームとして使え、どこからもルーフバルコニーが眺められる間取りにしました。

### Point 2 居心地よく動きやすいキッチンが拠点

キッチンにいる時間が長いので、眺めの良いオープンキッチンに。カウンターテーブルやデスクコーナーをつくったほか、トイレや玄関にも直接行ける動線を工夫。

### Point 3 バリアフリーで、回遊可能な動線計画

床はユニットバス以外すべてフラットです。LDK→水回り→玄関、LDK→ウォークインクローゼット→玄関の、２つの回遊動線で、動きやすく使いやすい計画に。

キャリア女性の機能的な住まい

Case 07
神奈川県小田原市
Hさんの家

# 職場の移転を機に築浅の住戸を購入。大胆なワンルームに全面リフォーム

家族構成●本人（50代）
築年数●2年
専有面積●70m²
購入価格●約4700万円
リフォーム費用●1200万円
リフォーム面積●70m²
リフォーム工期●約3カ月

**物件購入の決め手**
▶通勤の便の良さ

**リフォームへの要望**
▶シンプルライフを楽しむ
▶家でゆっくりくつろぎたい
▶セキュリティーは万全に

## ひとり暮らしの生活習慣に合わせてコンパクトな間取りに

Hさんの職業は医師。職場を東京から神奈川に移したのを機に、中古マンションを購入しました。専有面積は70㎡で、間取りは3LDK。ひとり暮らしのHさんには部屋数が多すぎるほどです。

まだ築2年と新しいマンションでしたが、「多忙な毎日なので、部屋数よりも普段過ごす空間を充実させたい」と、全面リフォームを行うことに決めました。

住戸は、南に向かって扇を開いたようなユニークな形をしています。2面をバルコニーに接した好条件を生かして、住まい全体に光が差し込むよう、間仕切りを取り払って、大胆なワンルームにしよ

リビングから寝室方向を見たところ。間には仕切りの壁も扉もないが、適度に収納で目隠しされ、ベッドが丸見えにはならない

Hさんこだわりのスピーカーを美しく機能的に配置。その間にAV収納と壁面収納をつくった。小物がゆとりを持って置かれ、すっきりした印象に

うという計画です。

## 水回りを中央に集約 家中を回遊する動線に

水回りを少し移動させ、中央にコンパクトにまとめることによって、家中ぐるりと一周できる動線を実現。玄関からクローゼットを通ってＬＤＫ、寝室、そこから再び玄関に抜けられます。

朝目が覚めたら、まず寝室から出てシャワールームへ。すっきりしたところでクローゼットで外出着に着替え、明るいダイニングキッチンに出て朝食を取ります。元気が出たところで出勤です。

逆に、帰宅時はまず夕食の支度をし、くつろぎの時間を過ごしたら、クローゼットで着替えてシャワー、寝室へ。暮らしの順番に合わせて移動できるので、時間が有

室内全景。広々としたワンルームである。左手にキッチンと食事の場、右手に寝室を振り分けた。扉は玄関に通じ、仏壇のある収納の裏がトイレ

効活用でき、そのぶん、ゆったりとくつろげるようになりました。

忙しく緊張感に満ちた仕事から解放されるわずかな時間、Hさんの楽しみは、こだわって選んだお気に入りのスピーカーから流れる音楽です。

オープン棚の「見せる収納」を活用してAV機器もすっきりと収め、視覚的にもくつろげる空間になっています。

寝室の壁一面にオープンな棚を造り付けた。壁と同じ白なので、圧迫感がない。天井面には間接照明を仕込み、ほっと落ち着ける休息の場に

ウォークインクローゼットから玄関方向を見る。左に洗面台、右にシャワーブースがあって、身支度はすべてこの周囲で済ませられる

玄関を入った位置からの眺め。左側がLDKや寝室に通じるドア、右側にシューズスペースがあり、脱衣室・水回りに抜けられる

## 浴室はシャワーのみ 水回りは小さく 収納をたっぷりと

家ではシャワー派のHさん。湯舟にゆっくりつかっている時間はないので、浴室は割り切ってシャワーブースにしました。このことで、水回りをよりコンパクトにまとめることができます。

その代わり、洋服と靴のクローゼットはそれぞれたっぷりと設けました。朝の忙しい時間もコーディネートをしやすく、効率的に身支度を済ませられます。キッチン裏側にあたる通路のようなスペースなので、リビングに来客があっても、身支度スペースの中が見えることはありません。家で過ごす貴重な時間を、心ゆくまで楽しめるようになりました。

# PLAN

専有面積／70m²
リフォーム面積／70m²（全面改装）

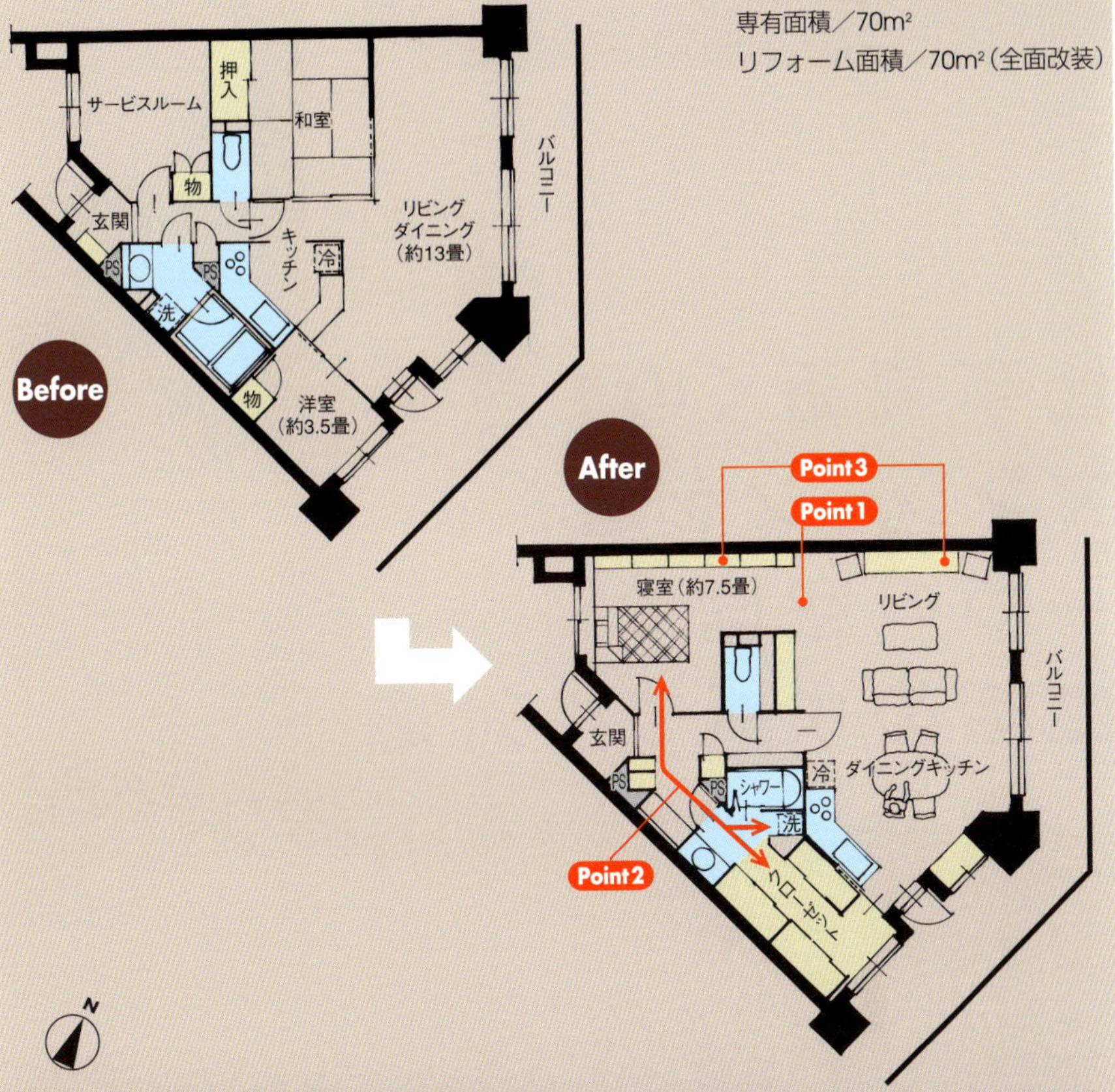


# POINT

## リフォームのポイント

### Point1 スペースを2つのゾーンに分けたプラン

広々とした生活スペースと、機能的な身支度＆ワードローブスペースを分けたプランに。身支度スペースはキッチンの裏側にあるため、来客の視線も気になりません。

### Point2 身支度・帰宅の動きに合わせた回遊動線

朝起きてから着替えて出掛けるまで、帰宅してから床につくまでの流れをそのままなぞった回遊動線です。効率的に身支度できて、時間にゆとりが生まれます。

### Point3 「見せる収納」で空間演出を兼ねる

間仕切りを外してできた広い壁面を収納に活用。こだわりのスピーカーの位置を考慮しながら、随所にオープンな棚を設けて、蔵書やAV機器をすっきりと収めました。

快適なひとり暮らしの終の棲家

Case 08
東京都文京区
Hさんの家

# 仕事場近くのマンションを選択。一つの空間で生活のすべてに対応

家族構成●本人（50代）
築年数●20年
専有面積●57.5m²
購入価格●約2000万円
リフォーム費用●1084万円
リフォーム面積●57.5m²
リフォーム工期●約2カ月

**物件購入の決め手**
- ▶仕事場に近いこと

**リフォームへの要望**
- ▶すべてをひとつの空間で完結したい
- ▶どこでもTVが見られる
- ▶コレクションの置き場所を確保

## オールインワンの男の独居空間で快適な生活を楽しむ

教育に関する著書や講演を数多くこなし、自ら塾を経営するHさんは、50歳代の独身男性。これまで仕事場の近くにマンションを借りてお住まいでした。「そろそろ終の棲家を」と、以前から気に入っていた近くのマンションを購入。ひとり暮らしのライフスタイルに合うよう、全面リフォームを依頼しました。

ここに永住するつもりなので、年を重ねても一人で快適に便利で過ごせるようにしたい。それには、あちこち移動しなくても、一つの空間で生活のあらゆるシーンに対応できるようなプランがよいとお考えでした。

オープンキッチンを中心としたリビングダイニング兼寝室。システムキッチンは空間に溶け込む白。対面式カウンターが食事の場に

愛用している木製ちゃぶ台を置き、「床座」でくつろぐ。壁面収納の間はらくだの置物のコレクションを並べる飾り棚に

キッチン側から見た室内全景。照明はダウンライト中心ですっきりと。座のスタイルに合わせ、床暖房を導入している

## 既存の間仕切りを ほとんど外して 広い一室空間に

もとの間取りは細かく仕切られた2LDK。キッチンも独立型で、暗い印象がありました。

人目を気にせず過ごせるひとり暮らしですから、「寝る場所も食べる場所も同じ空間でよい」というのがHさんの考え。間仕切り壁はほとんど撤去し、キッチンもオープンにして、広いワンルーム空間にしました。

キッチンの作業台と一体にバーカウンターを設けて食事の場とします。その背後にセミダブルのベッドを置きました。

フロアの中心は、以前から使っていたお気に入りのちゃぶ台。木製の丸いレトロなデザインで、座

キッチンカウンターのリビング側壁面を利用した食器棚。扉は半透明で、中に収納しているものがわかる。マグカップや湯呑みにも、らくだの模様が

壁面収納の扉を開けたところ。下段中央にTVやチューナーを、左右両側は衣類収納。吊り戸棚には書類や書籍をしまっている

椅子を置いて床でくつろぐスタイルです。

## あらゆる生活機能に対応できる充実した壁面収納

一つの空間で生活を済ませるためには、そこに「食べる」「寝る」などの機能に対応できるだけの収納が備わっていなければなりません。食器や食品をしまい、ベッドを置くだけでなく、着替えの衣類の収納も必要です。

さらに、Ｈさんはらくだの置き物のコレクター。コレクションを飾る場所を用意したいという希望もありました。

そこで、５ｍほどあるリビングの壁面全体を利用して、衣類収納とＴＶ収納をオーダーメイド。書類を入れるための吊り戸棚との間

玄関側から室内を見る。キャビネットは床から浮かせて下に照明を仕込み、狭さを解消する工夫を。左手のドアは書庫

玄関ホール。左手がトイレ、右奥に玄関ドアが見える。壁上にはピクチャーレールを設置。玄関脇の鏡で、外出前に全身をチェック

にディスプレイスペースを用意しました。中にはライトアップ用の照明も仕込んであります。

## 欲しいものに すぐ手が届く 自分仕様の住まい

玄関側の一室は、膨大な蔵書のための書庫として残し、既製品のキャビネットを置いています。LDK兼寝室から玄関ホールまでは、明るい色のフローリングで統一して広がりを持たせ、室内ドアや収納キャビネットに濃い色を用いて引き締めました。

廊下にはピクチャーレールを取り付けてお気に入りの絵を飾ります。「帰宅したとき、自分のうちという実感がある」とHさん。くつろいでいても、何でもすぐ手に取れるところがお気に入り。「最高の住まいだね」と語りました。

# PLAN

専有面積／57.5m²
リフォーム面積／57.5m²（全面改装）

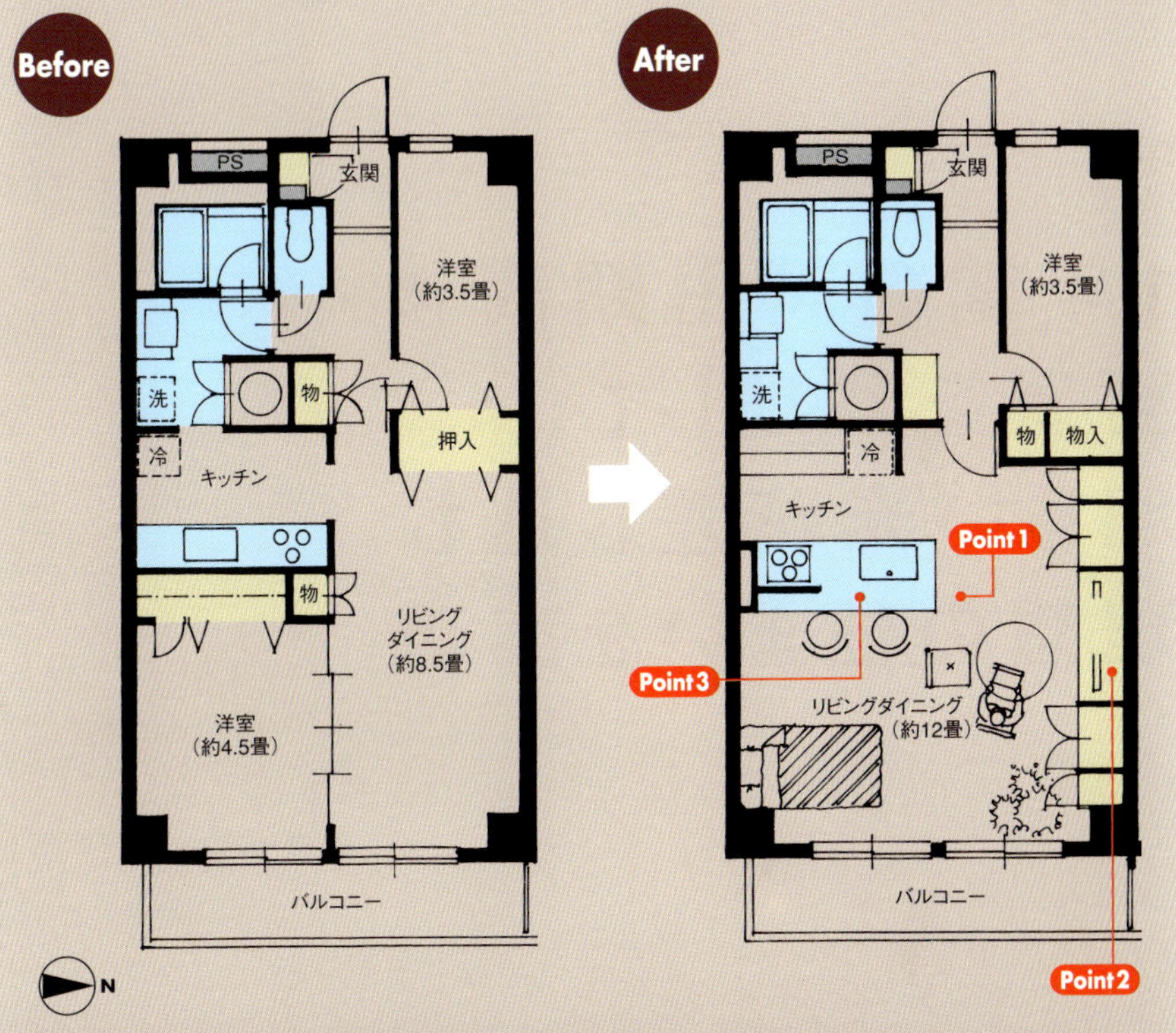


# POINT

## リフォームのポイント

### Point 1 2LDKを開放感のある1LDKに

既存は洋室2室にLD、クローズドキッチンという2LDK。書庫に充てる玄関寄りの洋室以外は間仕切りを取り払い、オープンキッチンを中心にした開放的な空間に。

### Point 2 衣食住を一室でまかなえる収納

すべての生活シーンを1カ所で済ませたいというご希望に合わせ、壁面やカウンター下を有効に使って収納を用意しました。食器も衣類も同じ部屋の中にしまえます。

### Point 3 愛用のちゃぶ台でくつろぐスタイル

以前から愛用している木製の丸いちゃぶ台を中心に据えるため、システムキッチンはあまり主張しないシンプルなものを選びました。

祖母から譲り受けた
住まいで新生活

Case 09
東京都品川区
Sさんの家

# 1年間の試用期間後
# 要望を整理して、
# 明るい光が差し込む
# 理想の住まいを実現

家族構成●夫・妻（30代）
築年数●36年
専有面積●75m²
購入価格●祖母より相続
リフォーム費用●1461万円
リフォーム面積●75m²
リフォーム工期●約2カ月

**物件入手の経緯**
- ▶祖母から譲り受けた
- ▶ご主人は独身時代から生活
- ▶1年住んで要望を整理

**リフォームへの要望**
- ▶対面キッチンのある明るく開放的なLDK
- ▶水回りと収納の使い勝手
- ▶子どもができた時に対応できる間取り

## 結婚を機に試用期間を経て要望を整理

お祖母さまから譲り受けたマンションに、独身時代からお住まいだったSさんのご主人。「今までにも何回か改装しているんですが、古い建物なので、設備にだいぶガタがきていました。全部更新したほうがいいと思っていたんです」と振り返ります。

結婚を機にリフォームを考えましたが、奥さまは「まず住んでみて使い勝手を確かめたい」と要望。「よくわからないままリフォームすると、あとから『こうすればよかった』と後悔することが出てくると思ったので」とおっしゃいます。1年の「試用期間」を経てリフォームの要望を整理しました。

夫婦の会話も弾むキッチン。調理台からダイニングテーブルまで一直線で行き来できるので、配膳も片付けもらくらく

白とこげ茶を基調としたリビング。フローリングはドイツ製の床材。アクセントウォールにも同色・同素材のものを使用している

床に白のタイルを使い、色を抑えたクールな印象の玄関

ダイニング側から見たLDK。写真左手の、天井まで届かない低い壁の裏側が将来子ども室として使う予定の個室

キッチン見通し。床は水に強く掃除しやすい大判のタイル。手前は食品庫で、通り抜けて玄関にも出られる

## 構造上の制限をアイデアで乗り越え希望をかなえる

「住んでみて実感したのが収納不足」と語る奥さま。「薄暗かったキッチンも、できるだけ窓側に移動させたいと思いました」。

　しかし、現地調査の結果、水回りを大きく動かすことは難しいと判明。少し気落ちしていたところに出された提案は、思わず声をあげてしまったほど、見事な解決法を示すものでした。

　キッチンは90度向きを変えて、ダイニングと並ぶ配列に。こうすれば、南の窓からの光も入ります。玄関側には食品庫を設け、洗濯機も置けるようにしました。買い物から帰ってすぐ食品庫へ、そこから直接キッチンに出られます。炊

寝室。２つのドアはそれぞれクローゼットと玄関ホールへ。ホールからはすぐドレッシングルームに入れ、朝晩の身支度もスムーズに済ませられる

クローゼットの内部はパイプのみで仕切っているため、南北に風が抜けるので換気も十分

事と洗濯も同時進行できる機能的な動線です。

　将来子どもができたときのため、ＬＤＫの一角に、ゆるやかに仕切った個室を用意。間仕切り壁は天井に届かない１８０cmの高さで、空間の広がりと採光を保ちます。

　この個室と主寝室の間に、南北に風が抜けるよう一直線にクローゼットを配置しました。収納を壁

将来の子ども室。LDとは低めの壁で仕切られているだけで、天井がつながっているので広がりが感じられる。バルコニーに面した明るい部屋だ

洗面とトイレをひとまとめにしたドレッシングルーム。清潔感のある白で統一

ドレッシングルーム背面の収納。裏側は玄関から使うシューズクローゼットになっている

ユニットバスは既存のスペースに合わせて交換しているが、内法はより広くなっている。浴槽も向きを変えてゆったりしたサイズに

側にまとめることによって、生活空間を圧迫することなく、容量を確保できました。2方向に開くので、通風・換気も十分です。

## トイレと洗面をまとめ快適なドレッシングルームに

水回り空間を整理し、トイレと洗面を1カ所にまとめることで、以前はなかった化粧台も設けることができました。背面には収納棚もあり、広々と気持ちよく使えます。「専有部分の配管を取り替えただけで、配水の匂いも気にならなくなりました」とご主人。

日当たりのよい立地が最大限に生かされた間取りになって「冬も暖房がいらないほど」と奥さま。「イメージ通りに仕上がって、家で過ごす時間が楽しくて仕方ありません」と大満足のおふたりです。

# PLAN

専有面積／75m²
リフォーム面積／75m²（全面改装）

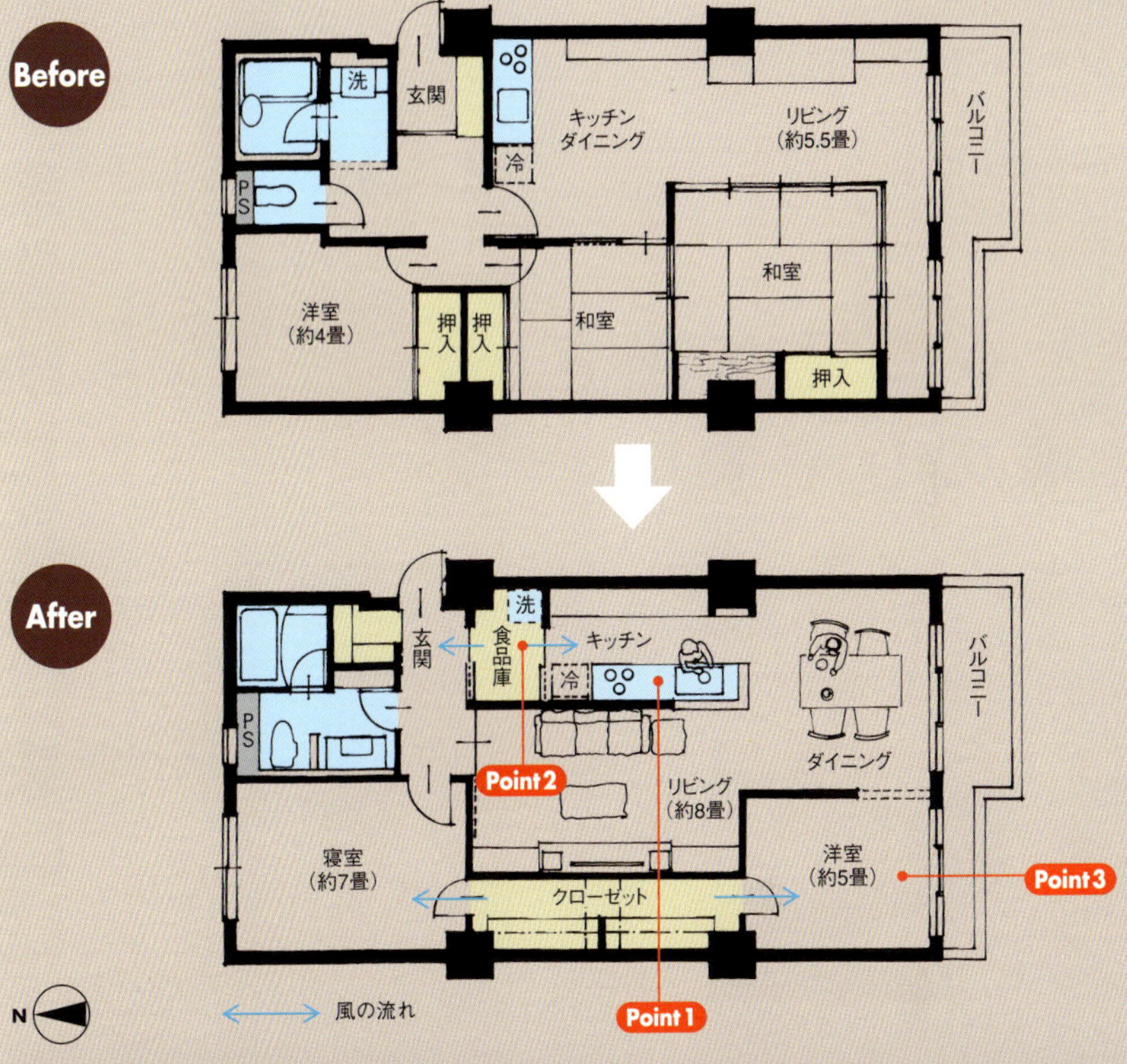


## リフォームのポイント

# POINT

### Point 1 キッチンを90度振って明るい対面式に

キッチンの排水管がスラブを貫通しているため、排水位置を動かせないなか、キッチン・水回りのレイアウトを工夫。キッチンは向きを変えて、明るい対面式に。

### Point 2 通風・換気を考慮して南北の窓を生かしたプラン

眺めのいい南側のバルコニーから、ダイニング、キッチン、玄関が並び、南北の窓を通してどのスペースにも光と風が届くようになりました。

### Point 3 将来の子ども室はＬＤＫの一部に用意

まだご夫婦２人暮らしなので子ども室は最初から個室にせず、LDKの一部を低めの壁で仕切りました。いずれは扉が付けられるよう、天井に下地を入れています。

COLUMN 02

# 事務所ビルを住まいに

オフィスや倉庫を住まいに変える「コンバージョン（用途変更）」が注目されています。立地のよさや広さにメリットがあり、ガスや水道配管があれば比較的容易です。その好例をご紹介しましょう

中古の事務所ビルを購入してコンバージョン

**東京都江戸川区 Yさんの家**

家族構成●夫（50代）、妻（40代）、長男（3歳）
築年数●25年
リフォーム費用●1923万円
リフォーム面積●102.44$m^2$
リフォーム工期●約2カ月半

## 子どもに目が届き 家事のしやすい オープンキッチン

キッチンからLDを見る。もとの天井が高かったので、エアコンや換気扇の配管が天井裏にすっきりと隠せた

### 職住近接を目指しビルに住む

Yさんは自営業。職住近接を求めて、お住まいを探していました。たまたま売りに出されていた事務所ビルは職場から徒歩1分。思い切って購入し、3階建ての3階部分をリフォームして住むことにしました。

もと事務所だったフロアには給湯室とトイレがあります。この配管を利用しつつ、浴室やキッチンなど生活に必要な設備を新設しな

オープンキッチンを中心に回遊できる間取り。写真右奥は書斎。キッチン右奥から廊下に出られ、さらに写真左の扉に回り込める

ければなりません。さらに、快適に暮らせるよう、断熱や防音にも配慮が必要でした。

既存の設備や間仕切り壁、内装はすべて撤去。スケルトン状態にしてバルコニーのある南側にＬＤＫを。通りに面して窓のある北側に寝室と子ども室を配置しました。

キッチンはフロアの中心に。対面のＬＤから廊下を通って玄関、玄関からＬＤへと、家中一周できる動線になっています。まだ幼いご長男は、大喜びでぐるぐる走り回っているそうです。

事務所ビルだったため階高が高く、エアコンや換気扇の配管は天井内部に隠すことができました。それでも天井高は２・６ｍとゆったり。居住空間としての快適さとゆとりのあるＬＤＫの完成です。

# PLAN

リフォーム面積／102.44m²
（3階部分全面改装）

## ペアガラスのインナーサッシと断熱材で、居住性能をアップ

窓のない西側は、主寝室から入れる広いクロークに。さらに、子ども室と主寝室をつなぐ廊下の一部を少し広くし、子どもの作品や好きな絵が飾れるギャラリーにしました。折り上げ天井の洒落た空間です。

主寝室と子ども室は交通量の多い道路に面しているので、既存の窓の内側にペアガラスのサッシを取り付けました。遮音性と断熱性の両方を高める狙いです。さらに、窓を開けなくてすむよう、エアコンは吸排気付きタイプを選択しました。

外壁面と床にも断熱材を入れ、家全体の冷暖房効率も向上。寒々としていた事務所ビルが、居心地のいい住空間に大変身しました。

高い階高を利用した、折り上げ天井のギャラリー。絵が掛けられるよう、壁はコンパネ下地。現在は長男の電子ピアノを置いている

（右）広めのトイレには、ペーパーホルダーと一体になった手すりを設置
（左）間口1.2mのゆったりとした洗面台。清潔感のある白で統一

COLUMN
03

# 高齢者向けケアマンション

分譲タイプのケア付きマンションなら、
自分の住戸をリフォームできます
終の棲家と心に決めた住まいを、より快適にするため、
ホテルのスイートルームのように変身させた例です

## 中古の高齢者向けケアマンションのリフォーム

**神奈川県逗子市 Hさんの家**

家族構成●夫（70代）、妻（60代）
リフォーム費用●950万円
リフォーム面積●58.66m²（全面改装、2LDK→ワンルーム）
リフォーム工期●約2カ月

Before

両側の壁面を利用して収納を確保し、すっきり片付いた生活空間に。窓際にはご主人のための書斎コーナーを設けた

### 2LDKをワンルームに。すっきりとシンプルに暮らす

Hさん夫妻が購入した住戸はもと2LDK。マンション内にはゲストルームも食堂もあります。住戸内でキッチンを利用するのは軽食やお茶の用意の時だけにしました。間仕切りは撤去してワンルームに。水回りや玄関との段差も解消しました。「余分なものを削ぎ落としたシンプルライフ」をテーマに、ホテルのように広々とした住まいを実現しています。

洗面とトイレの仕切り、浴室のドアはガラスにして、広く明るい印象に。奥様の作品であるステンドグラスを効果的に配置した

# 3章

# 「中古マンションリフォーム」徹底ガイド

# リフォームできる範囲には制限がある

## 法律にもとづいて決められている「専有部分」と「共用部分」

一つの建物を大勢の人で使うマンション。自分の住まいとはいえ、リフォームにあたっては、周囲に迷惑を掛けないように注意することはもちろん、一定のルールに従わなければなりません。

マンションのリフォームに関わるルールには、国の法律と、マンションの持ち主の間で決める規則の2種類があります。

そのうち、マンションの所有権について定めているのが、「建物の区分所有等に関する法律」（通称「区分所有法」）という法律です。

マンション所有者個別の持ち分は「区分所有権」と呼ばれ、その対象となるのが「専有部分」。それ以外はすべて「共用部分」となります。

原則として、専有部分は区分所有者が自由に手を加えていいことになっているのですが、実は、どこまでが専有部分かは、マンションによって考え方に多少違いがあります。ここでは、一般的な区別を知っておきましょう。

### 玄関ドアや窓は勝手に交換できない

窓や玄関ドアは、専有部分に付属していると同時に、外部や共用廊下にも接する部分です。実は、所有権については「共用部分」に該当します。もっとも、使うのは居住者に限定されるので、「専用使用権」が与えられていると考えられます。このため、鍵の交換や窓ガラスの取り替え程度は許可されるのが一般的です。

ただ、ドアやサッシを丸ごと取り替えたりすれば、外観の統一性が損なわれかねません。ドアの塗り替えは室内側のみ、窓は室内側にインナーサッシを取り付けるなら可能というケースが多いでしょう。

## マンションの制約①…リフォームのできる範囲

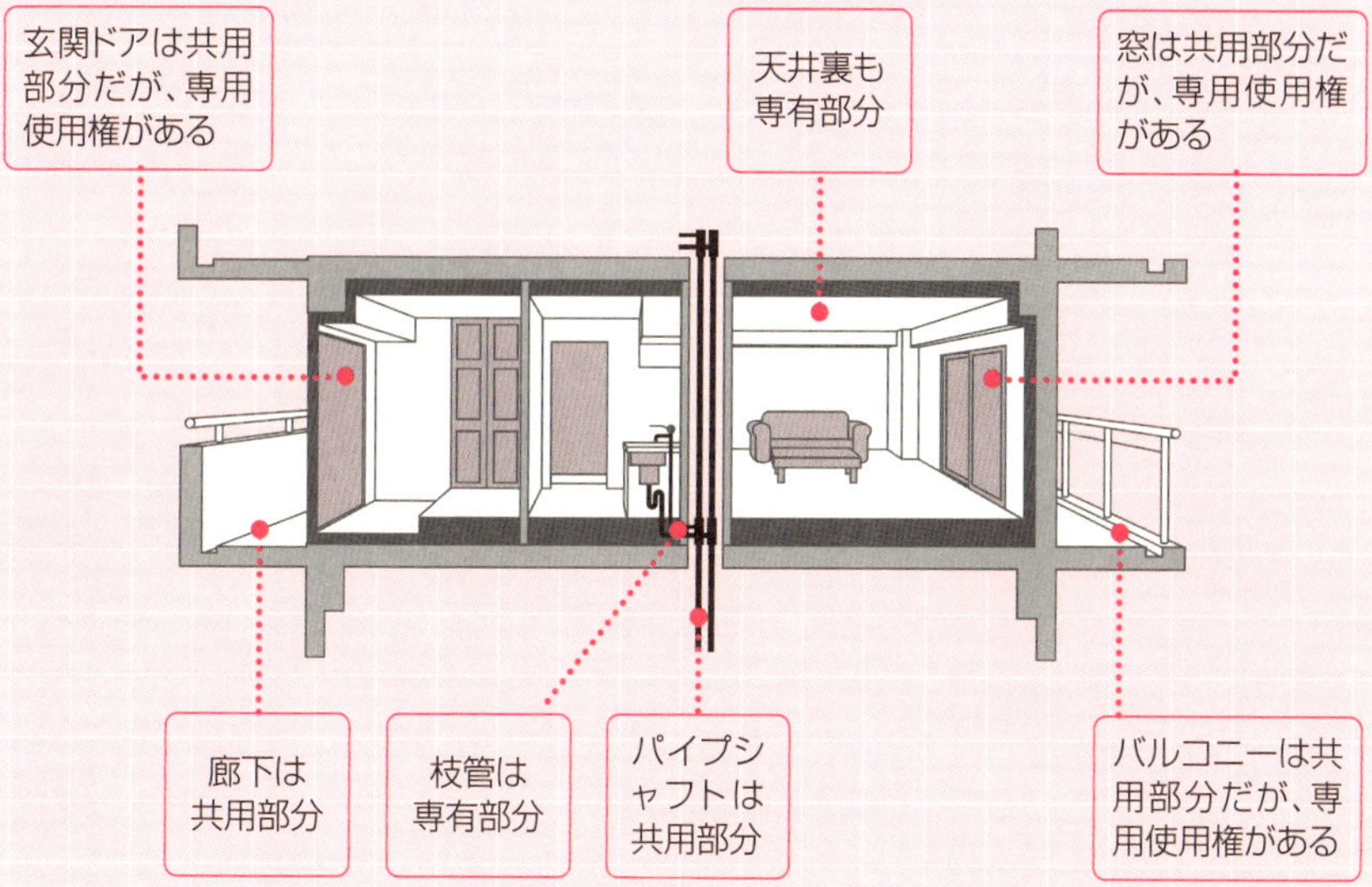


自分の住まいの一部のように思い込みがちなバルコニーも、「専用使用権のある共用部分」です。日常の管理や利用については各戸にまかされていますが、いざというときの避難路になっている場合が少なくありません。勝手に改造してはいけないのはもちろん、避難路をふさぐようなものを置かないようにしましょう。

## パイプシャフトまでは「共用部分」

水道管や配水管、ガス管も、他の住戸と共用しています。パイプシャフトまでは共用部分にあたるので、勝手にいじることはできません。管理組合全体で維持管理を行う対象になっています。

ただし、共用管から室内に引き込まれた「枝管」は専有部分にあたり、交換や経路の変更が可能です。

このパイプシャフトと枝管の関係や構造は、水回りの変更に大きく影響します。大がかりなリフォームを前提にマンションを買う場合には、事前にチェックしておきたいポイントの一つになります（102ページ参照）。

# マンションの居住者間で定めたルールもある

## リフォーム前、購入前に必ず目を通したい「管理規約」

マンションを購入すると、所有者で構成する「管理組合」の組合員になります。その管理組合がつくるルールが「管理規約」です。区分所有法ではカバーしきれない「専有部分」と「共用部分」の具体的な区別も、管理規約によって定められるのが一般的です。

どこまでリフォームできるか詳しく知るためにも、管理規約の事前確認は欠かせません。工事の申請に必要な書類（計画の図面など）や理事会での承認の方法なども決められていることがあります。リフォームを前提にマンションを買うなら、購入する前に目を通しておきたいものです。

### 床材や設備機器の交換に制限が

専有部分のリフォームについても、管理規約で一定のルールを決めている場合があります。もっとも多いのが、床材の制限。マンション内で住人間のトラブルに発展しやすいのが上下階の音の問題です。床にどんな材料を使うかによって、音の響き方が変わるのです。

とくに、もともとカーペットや畳が敷かれていた部分をフローリングに替えるときは要注意。マンションの2階以上の住戸では、防音フローリングを使用するのが原則ですが、製品によって遮音性能に違いがあります。遮音性能はL＝40、45、50などと表示され、数字が低いほど遮音性に優れています。管理組合の中には、使用可能な製品を取り決めているところもあります。

また、設備機器を増やしたり、能力を高める場合には、ガスや電気の容量にも注意が必要です。マンションの棟全体の容量によって、各戸で使える契約アンペア数などに上限があるからです。

逆に、共用部分であっても、事情によってリフォー

マンションの制約②…管理規約による制約

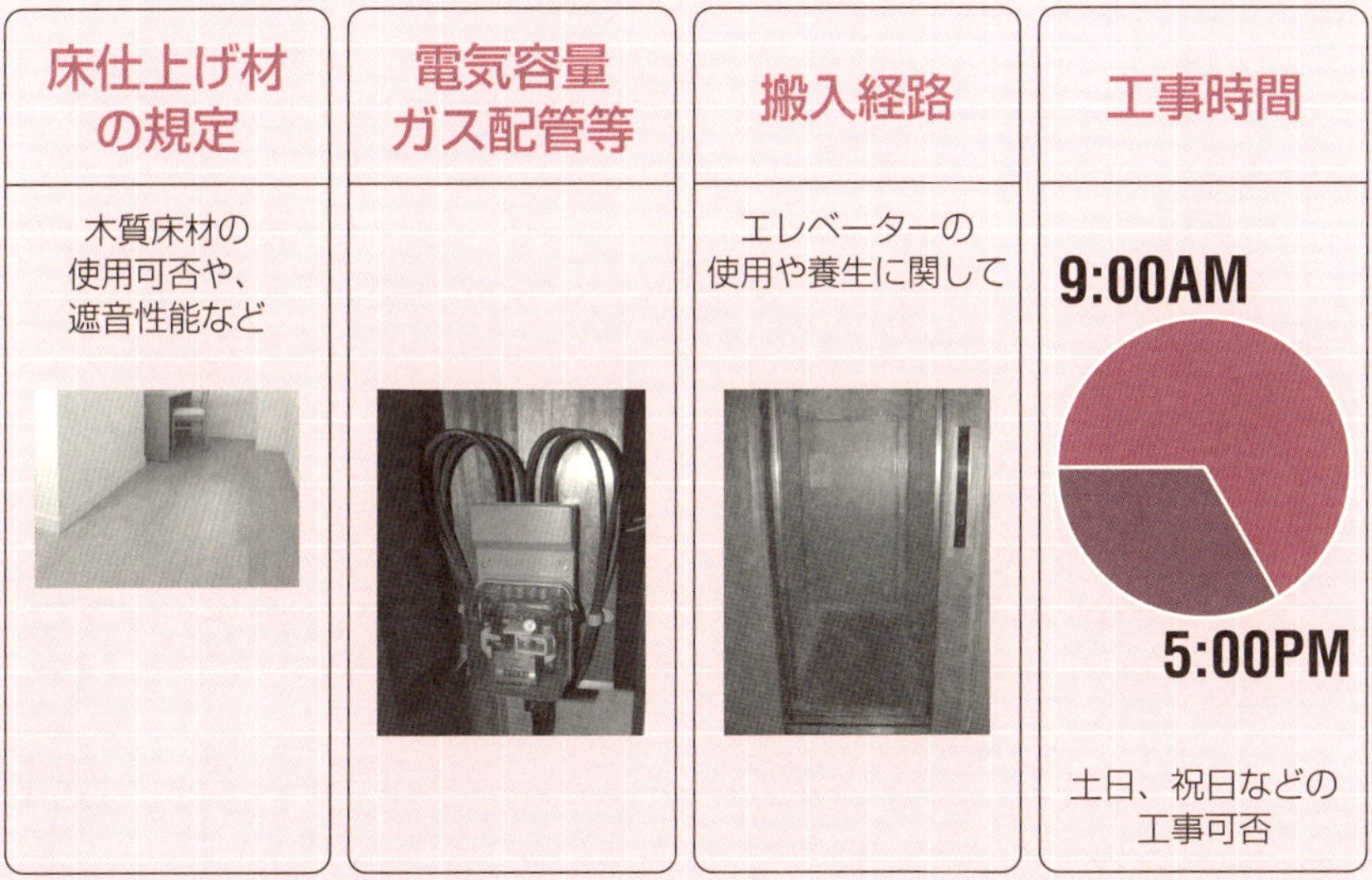


ムが認められるケースもあります。たとえば、古いマンションでエアコンのスリーブ（取り付け穴）がなかったり、風呂釜が浴室内に設置されているようなケースです。構造に影響がない範囲で、外壁に穴を空けることが許可されることもあります。

また、原則は不可とされている窓サッシの交換も、防犯性能や断熱性向上を目的に、一定の範囲内で認められるケースもあるようです。

## 工事方法や時間帯を定めた規約も

管理規約に、リフォームの進め方や工事中の注意事項などが定められている場合もあります。

工事中は、廃材の搬出や資材の搬入などで共用部分を利用します。エレベーターや通路を傷つけないよう配慮することはもちろん、使用経路や方法について管理規約に定めがあれば、従わなければなりません。

また、工事の騒音や職人の出入りで近隣に迷惑をかけないよう、工事の日程や時間帯にもルールがあります。一般的に作業を行ってよいのは、平日9時から17時まで。土日や祝日の工事は禁止している管理組合もあります。

# マンションの構造や配管による制限もある

## 取れない壁、動かせない配管があるケースも

マンション建設の工法には鉄筋コンクリート造（ＲＣ造）と鉄骨鉄筋コンクリート工法（ＳＲＣ造）があります。このうち、ＳＲＣ造はＲＣ造の柱や梁の中に鉄骨を入れる方法で、高層マンションによく用いられる方法です。中層・低層ではＲＣ造が一般的です。

ＲＣ造はさらに、「ラーメン構造」と「壁式構造」に大別されます。

「ラーメン構造」とは柱と梁で建物を支える構造。室内を見渡したとき、部屋の角や天井に柱型や梁型が出っ張っている構造です。ただし、比較的新しいマンションの中には柱や梁が隠れる工夫をしているものもあるので、見かけだけで判断することはできません。

どちらかというと低層のマンションに見られるのが「壁式構造」です。壁と床が構造体になっているマンションで、室内に柱・梁型が現れることはありません。

### 「壁式構造」の構造壁は外せない

リフォームで気を付けたいのは、構造に関わる部分には手を加えられないということ。

「ラーメン構造」では、梁や柱の出っ張りを削るわけにはいきません。壁面収納などでうまくカバーして室内空間をすっきりさせるようなリフォームを考えたいところです。

同様に「壁式構造」では、構造の壁そのものが外せません。室内の間仕切り壁も構造体の一部になっていることがあるので、間取りの変更にはある程度制限があると考えた方がよいでしょう。既存の壁をうまく利用するリフォームプランが求められます。

### 古いマンションは水回りの移動が難しい

## マンションの制約③…構造による制約

### ラーメン構造

・柱と梁を主体とした構造
・比較的大きな単位空間をとることができる
・室内に柱や梁の形が出ることがある

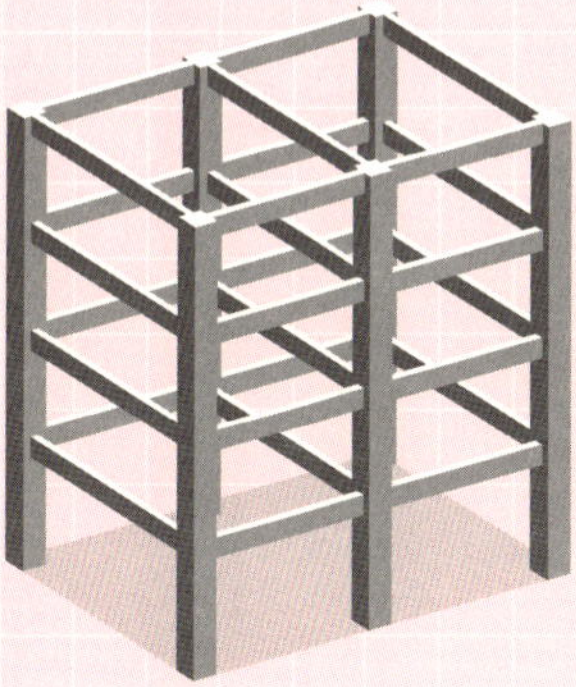

### 壁式構造

・壁や床の板状の面で空間をつくる構造
・あまり大きな単位空間をとれない
・室内に柱や梁の形は出ない

古いマンションでは、給排水管や水回りの構造が今のマンションとは異なります。

各戸の「枝管」は専有部分なので、ルールとしては経路を変えてもかまいません。けれども、築30年を超えるようなマンションの場合、枝管が構造体であるコンクリート床の中を貫通していることがあります。こうなると、物理的に移動不可能。水回りの配置を変えるのは難しくなります。

また、防水性に優れたユニットバスが普及する以前には、水回りをコンクリートブロックで囲むことがありました。このブロックは構造駆体ではありませんが、撤去できるかは管理規約の確認が必要です。

ただ、こうした現状に対処するため、リフォーム専用の設備機器も数多く開発されています。

浴室の設置スペースそのものを変えることはできなくても、内法を広げられるように工夫されたユニットバスや、吸排気口に収められるコンパクトな給湯器などです。

こうした製品を上手に使えば、古いマンションでも快適な水回りを実現することは可能です。

# 工事中は近隣への配慮が欠かせない

## 騒音や作業者の出入りへの理解を求めておく

前述のとおり、マンションの「管理規約」でも工事についてルールが決められていることがあります。

戸建と違って、マンションのリフォームでは資材などの搬入ルートが限られることがネックになります。戸建なら、外部から直接、玄関や掃き出し窓を通して資材を運び入れられますが、マンションでは狭いエレベーターや階段・廊下を通り抜けなければなりません。しかも、そのエレベーターや廊下は他の住人も利用する共用部分。どうしても、迷惑をかけることは避けられません。

搬入作業の途中でぶつかりそうな壁や床には「養生」といって、保護用のシートなどを貼っておくのが一般的です。

### 工事の前には近接する住戸に挨拶を

規約がなくても、リフォーム工事を行う前には、管理組合との調整が欠かせません。

リフォーム会社の工事担当者には、共用部分の使い方や資材置き場をどうするかなどについて、管理会社や管理人と打ち合わせをしてもらいましょう。工事車両の駐車場も確保しなくてはなりません。

工事が始まる前には、近隣に挨拶に伺って事情を説明しておきたいものです。その範囲は、最低でも両隣と上下階、さらに、斜め上下の、床や壁が直接接する住戸までカバーするのが望ましいでしょう。

そのほかにも、エレベーターの近くや共用廊下など、搬入経路に当たる住戸で、迷惑をかけそうなお宅があれば、事前に声をかけておきます。

そのうえで、掲示板に工事の内容や期間を書いた告知を張り出すなどしてほかの住人にも周知し、理解を

### マンションリフォームのチェックポイント

| 時期 | 確認したいポイント・作業 | |
|---|---|---|
| **計画段階** | □ 管理規約の確認 | □ 規約共用部分の範囲<br>□ フローリングなどの材料制限<br>□ 電気容量変更の届出義務<br>□ その他の工事指針 |
| | □ 仮住まいの検討 | |
| **着工前** | □ 管理組合への届け出 | □ 工事内容・工期・工事時間など |
| | □ 管理規約の確認 | □ 共用部分の使用方法<br>□ 資材置き場<br>□ 駐車スペース |
| | □ マンション住人への周知 | □ 工事のお知らせの掲示など |
| | □ 近隣への挨拶<br>□ 家財の片づけ・処分 | |
| **着工後** | □ 進捗状況・内容のチェック | |

求めるようにしましょう。

## 入居後のリフォームには工夫が必要

購入後、入居する前にリフォームを済ませる場合は問題ありませんが、入居後にリフォームする場合は工事中の生活をどうするかも問題です。

大がかりなリフォームの場合には、一時的に家を空けた方が工事はスムーズに行えますし、生活のストレスも少なくて済みます。その代わり、仮住まいの手配や引っ越し、一時的に家財道具を預けるなど、手間も費用もかかります。

住みながらリフォームする場合は、工事中ある程度の不便や、プライバシーが保ちにくいことを覚悟しておかなくてはなりません。

工事している場所の家具はその都度移動したり養生したりすることになりますし、キッチンや浴室が一時的に使えなくなることもあります。

工程について、事前に工事会社と十分に打ち合わせをしておきましょう。

では、次ページからは、リフォームの中身について見ていきます。

# 新築同様！　スケルトンリフォーム

―メリットの多い全面改装。購入と同時なら工事もスムーズ

## 1 間取り全体を変えられる

中古マンションを購入してから入居するまでの期間は、リフォームの絶好のチャンス。生活の場や家財の移動の心配もなく、一度に全面的に工事することが可能だからです。工事の効率も高く、住んでからリフォームするより時間の面でも費用の面でも有利です。

いったんすべての設備機器や内装材、間仕切り壁などを撤去し、構造体（スケルトン）だけの状態に戻してリフォームすることを、ここでは「スケルトンリフォーム」と呼びます。

「スケルトンリフォーム」の第一のメリットは、間取りそのものをガラッと変えられること。ただし、構造の壁や配管など、構造によって制限されることもあります。

## 2 水回りの配置が変えやすい

水回りのリフォームも、部分的に行うより、スケルトン状態で行った方が効率が高く、配置の自由度も高まります。

とくに、キッチンのように、リビングやダイニングなど居室との関係が重要な部分は、内装の統一や家事動線も見直せるため、ＬＤＫ全体を一度にリフォームするのがおすすめ。

浴室も単独で取り替えるより、洗面室やトイレのレイアウトと一緒に考えることで、広さを変えることができます。また収納も計画しやすくなります。

ただし、排水を流す共有のパイプシャフト（ＰＳ）の位置や配管をする床下のスペースなど、配管経路の検討が必要です。

## 全面リフォームの一例

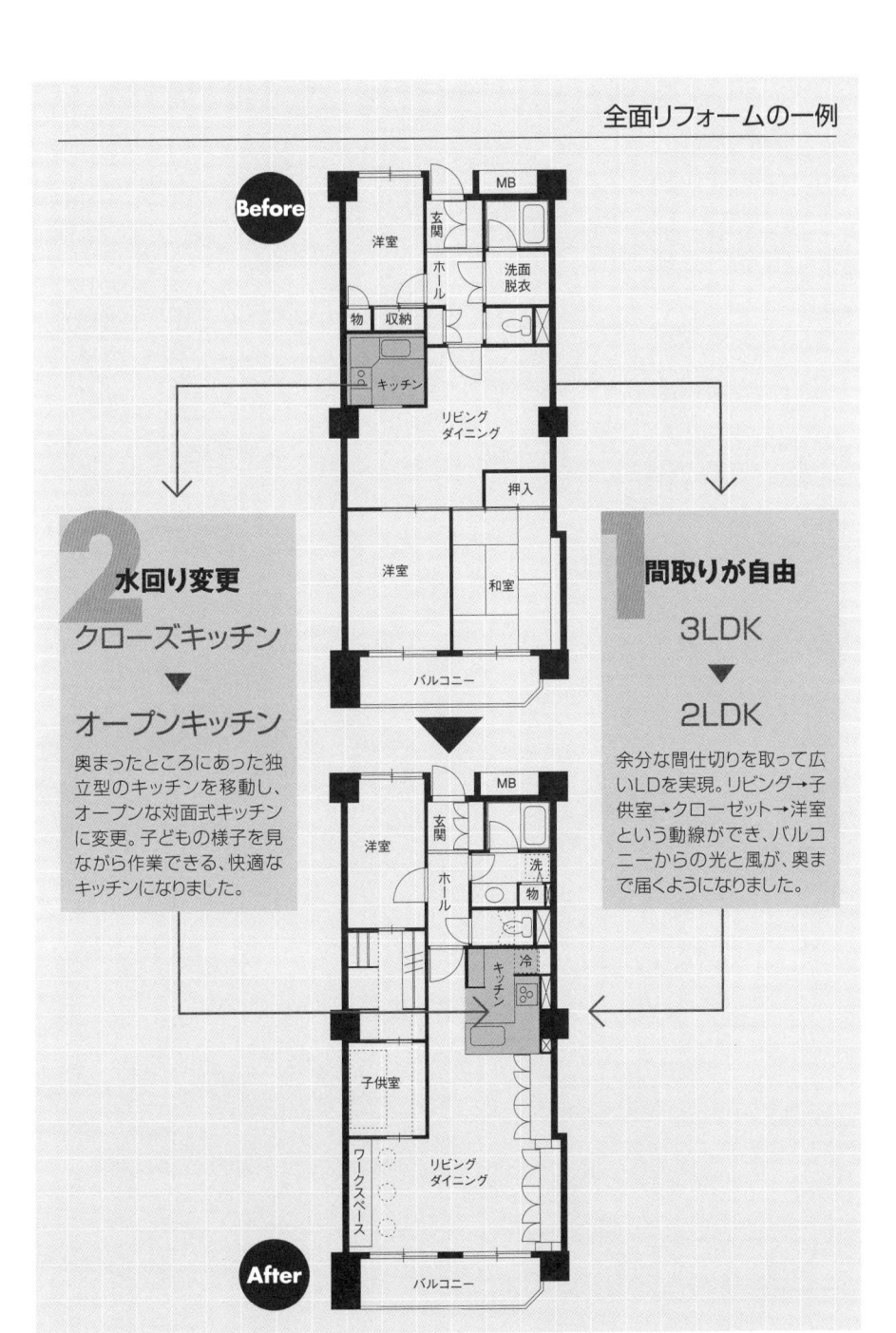

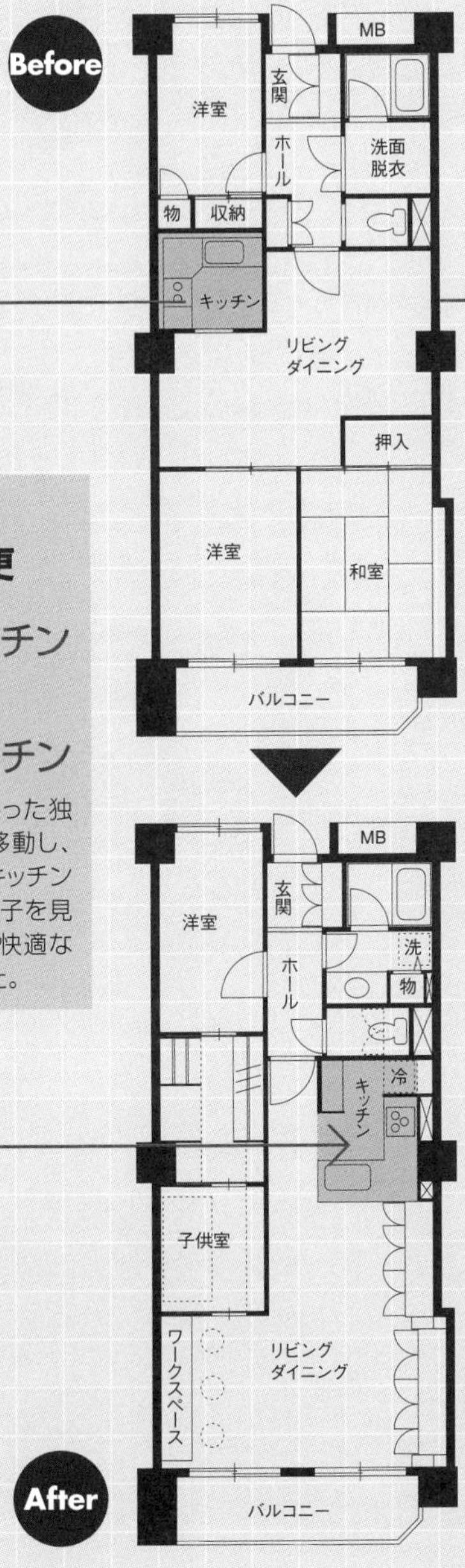


### 1 間取りが自由

3LDK
▼
2LDK

余分な間仕切りを取って広いLDを実現。リビング→子供室→クローゼット→洋室という動線ができ、バルコニーからの光と風が、奥まで届くようになりました。

### 2 水回り変更

クローズキッチン
▼
オープンキッチン

奥まったところにあった独立型のキッチンを移動し、オープンな対面式キッチンに変更。子どもの様子を見ながら作業できる、快適なキッチンになりました。

3 躯体状況の確認

4 配管・配線更新

## 3 躯体状況の確認

一度スケルトンに戻せば、構造体の状態や傷み具合がすみずみまで確認できます。必要に応じて補修できるので、のちのちも安心です。

結露しがちな部分など、住戸の長所短所も一目瞭然なので、より適切で、効果の高いリフォームプランが立てられます。

## 4 配管・配線更新

床下や天井裏には、給水・給湯・排水・ガス管などの配管や配線があります。古い配管の内側には汚れが付着している場合が少なくありません。

スケルトンリフォームでは、こうした配管を一度に交換できます。専有部分の枝管を変えるだけで、水の匂いや排水詰まりが解消された例もあります。

また、内装材を剥がして配線を変えれば、コンセントやスイッチの位置や数を新しい間取りに合わせて取り付けることができます。家庭内ＬＡＮなどの新しい配線も、壁の内側にはわせられるので、室内にコードを露出させずに済みます。

**5 断熱性向上**

**6 段差解消**

置き床

直床

## 5 断熱性向上

内装材を新しくすると同時に、躯体の状況に応じて外壁面の内側や天井、床などに断熱材を加えることで、冷暖房効率が向上できます。

さらに、既存の窓の内側にインナーサッシを追加すれば、より断熱性を高め、結露が起きにくくする効果が期待できます。

## 6 段差解消

いったん全部の床を剥がすことで、もともとあった床の段差を解消することができます。

コンクリートの躯体の上に支柱を立てて床材を置く「置き床」の場合は、床材の厚みにあわせて支柱の高さを調整します。フローリングの部屋と畳の部屋の段差を解消することも容易です。

コンクリートの上に直接床材を貼る「直床」の場合は、コンクリートの上にモルタルを流してならすことで、床の仕上がりの高さを調整します。

# 期間短縮！ セレクトオーダーリフォーム

## 費用と内装のイメージがすぐわかる、定価制リフォーム

**「M―スタイリング※1」で統一感あるインテリアに**

M―スタイリングを利用したリフォーム事例。スタンダード仕様のナチュラルカラーを選択して、明るいイメージの内装に。専有面積73.05m²で、リフォーム費用は約926万円

※1「M―スタイリング」の「M」には、「マイ（自分の）」、「三井の」、また「スタイリング」には「ライフスタイルに合わせてリフォームする」という意味が込められています。

### あらかじめ設備・仕様の選択肢を用意

メリットの多いスケルトンリフォームですが、プランニングにある程度の手間と時間がかかることは覚悟しなくてはなりません。住まいを構成する各種内装材や設備機器には膨大な種類があり、一つ一つ選ぶには、1～2カ月くらいかかるからです。その選択によって、費用も変わってしまいます。

そこで、リフォーム会社では、グレード別の選択肢を用意し、その中から予算や要望に合わせて選ぶ、セミオーダーのリフォームプランを設けています。たとえば三井ホームリモデリングの「M―スタイリング」では、設備・仕様を「スタンダード」と「プレミアム」の2つのグレード・11パターンのバリエーションから選べます。豊富な実績をもとに、プロがアイテムを厳

## 内装&価格シミュレーションシステム

M-STYLING
三井のマンションリフォーム

コンピュータグラフィック画像を見ながら、
希望のグレードやカラーテイストを選択し、
イメージや予算をシミュレーションできます。

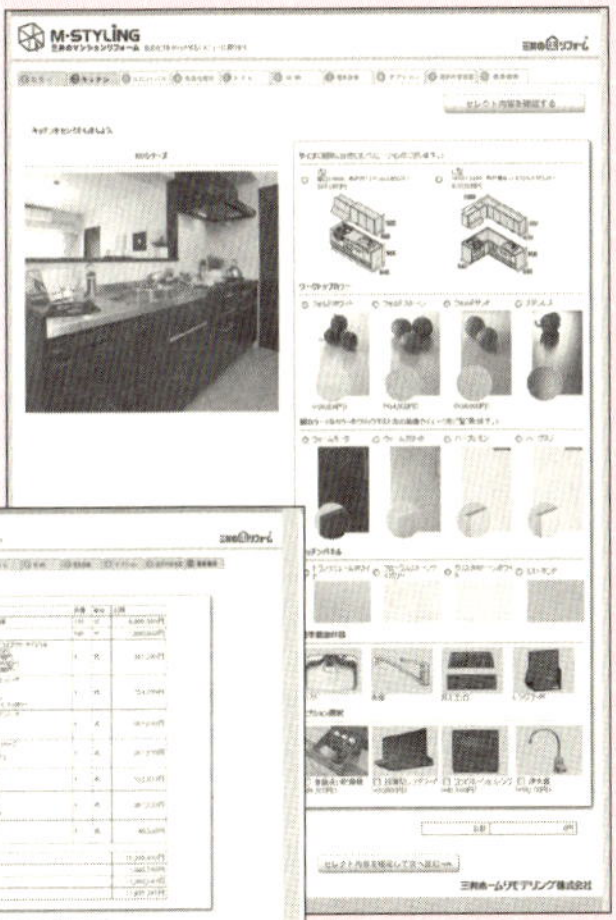


スタイルセレクト

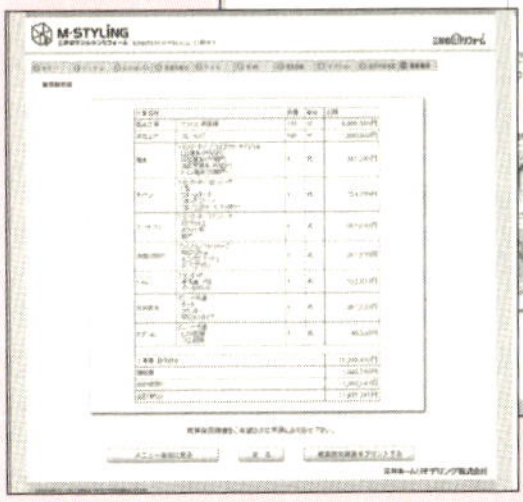


概算見積もり

カラーセレクト

選。あらかじめトータルにコーディネートしています。

シミュレーションシステムでイメージがつかみやすく、価格も明快。「スタンダード」なら1m²あたり約12万円から、すべて「プレミアム」で揃えると1m²あたり約15万円からと、それぞれ定価※2が決まっているので、全体でいくらかかるかがすぐわかります。見積もりの手間が少ないので、プランニングもスムーズです。プランには、もちろん電気配線・給排水管の交換や遮音対策も含まれています。

## 間取りは自由に設計できる

「M-スタイリング」では、設備・仕様はセレクトでも間取りについては自由設計に対応しています。

部材のチョイスに悩まなくていいぶん、動線や収納計画など、暮らしやすさに直結する本質的な設計に集中できます。これまでのリフォーム実績に基づいた、バリエーション豊富なプラン集が参考になります。その一部を124ページ以降でご紹介しましょう。

工事期間の目安は約1カ月半。工事中は専任の担当者が管理を行い、近隣や管理組合との打ち合わせも万全なので、安心して任せられます。

※2 専有面積60m²以上の場合、オプションは別途

# スケルトンリフォーム工事の流れ

## 工事はどんなふうに進むのか知っていると安心

入居前に行うスケルトンリフォームでは、住む人自身が工事の状況を逐一チェックすることは困難です。

とはいえ、どんなふうに工事が行われるか、およその工程は知っておきたいもの。ここでは、前ページの「M–スタイリング」を例に、工事の流れを確認しておきましょう。

### 現場打ち合わせ後、解体工事がスタート

「M–スタイリング」の場合、初回の打ち合わせから設計・契約までの期間はほぼ1カ月。工事の詳細が決まったら、現地で着工前の打ち合わせを行います。それまでに、お客様と工事管理を行う担当者との顔合わせも済ませておきます。

工事は、まず既存の内装材をはがし、設備機器を撤去してスケルトンに戻す作業から始まります。廃材とともにホコリが大量に発生するので、共用廊下など外部に漏れないよう注意して進めます。

解体が完了したところで、お客様にもスケルトンの状態を見ていただけます。ご自分の住まいの構造がどうなっているか、しっかり確認しましょう。

### 仕上げ材を貼る前に中間検査を実施

解体後、住まいを新しくつくる工事は、まず配管から始まります。水回りの位置に合わせて新しい給水管、給湯管、排水管を引いていきます。

その後、ユニットバス、天井の下地となる軽量鉄骨の取り付け、間仕切り壁をつくる木工事なども行われます。タイルや塗装、電気工事やガス工事など、それぞれ専門の職人が、工程に合わせて作業を進めます。

クロスなどの仕上げ材を貼る前に、社内での中間検査

を実施します。配線や配管は計画通りにできているかなど、仕上げると隠れてしまう部分をチェックします。設備機器の取り付けや内装工事がすべて終了したら、

クリーニングを実施。完了検査を行って、必要な手直しを済ませたら、いよいよ完成です。お客様にひととおり確認していただき、引き渡しの運びとなります。

**1 解体現場確認**

着工後、解体が完了したところでスケルトン状態を確認

**2 墨出し**

設計図と照らし合わせながら実寸で床や壁に印を付けていく作業

**3 配管工事**

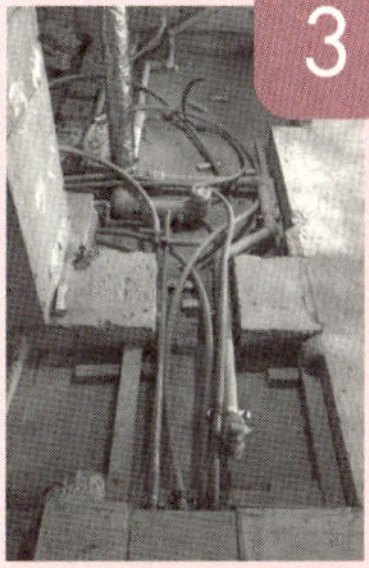

給水管や給湯管の工事を行います

**4 ユニットバス取り付け**

ユニットバスを所定の位置に設置します

**5 木工事・軽量鉄骨下地**

天井の下地となる軽量鉄骨の取り付け、間仕切り壁などの木部の工事

**6 中間検査**

クロスなど内装材を貼る前に仕上げると隠れてしまう部分をチェック

**7 キッチン取り付け**

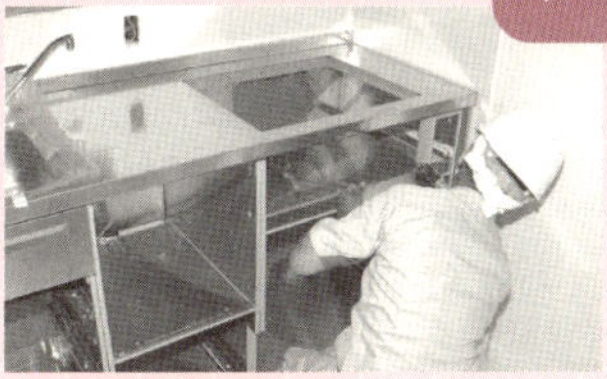

内装工事のあと、システムキッチンを取り付けます

**8 工事完了検査～引き渡し**

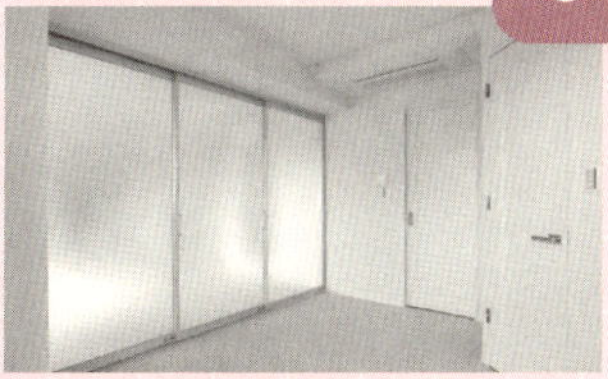

クリーニングを行い、工事完了検査承認後、引き渡し

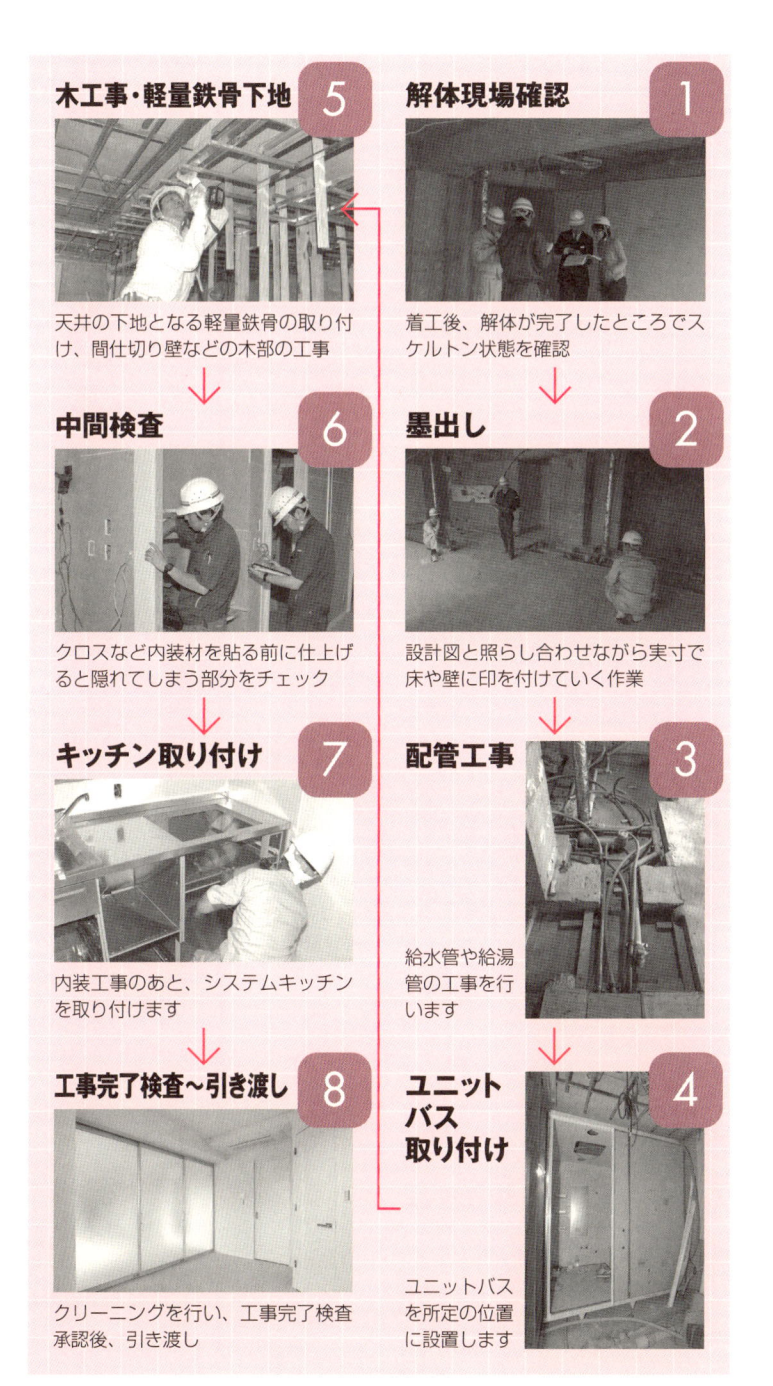

# 部位別リフォームのポイント

●――リフォームする部分によって工事の内容や値段が違う

## 直す範囲が選べるのもリフォームの利点

ここまで、スケルトンリフォームのメリットと進め方を見てきましたが、もちろん、必要な部分に絞ってリフォームを行うこともできます。

建物が比較的新しい場合や予算が限られている場合、キッチンだけ取り替える、内装だけ新しくする、など状況に合わせた選択ができるのも、リフォームのいいところです。

そこで、ここからは次ページのような間取りのマンションを例にとって、一部ずつリフォームする方法と、その費用の目安について見ていきましょう。

広さは約63$m^2$、２ＬＤＫで和室が一間という、ごく標準的な間取り。築後27年経っていますが、構造部に目立った老朽化は見られないという前提です。

## 部位によってもリフォーム範囲が変わる

内装も設備も、家の各部はつながっているので、家具を取り替えるのとは違い、必要な部分を交換するだけでは済まない場合もあります。

たとえば壁紙を変えるとき、天井と壁の境目をどうするか、床と壁の境目をどう処理するか、室内ドアやクローゼットとの境目は……などによって工事の範囲も必要な材料も変わるのです。

目安として挙げた金額にとらわれず、リフォームしようとする部分にはどんな工事が必要なのか、その費用はどんな条件によって変わるのかを理解しておきましょう。

また、設備や内装のグレードだけでなく、建物の老朽度合いや構造・形状によって費用が変わることも、

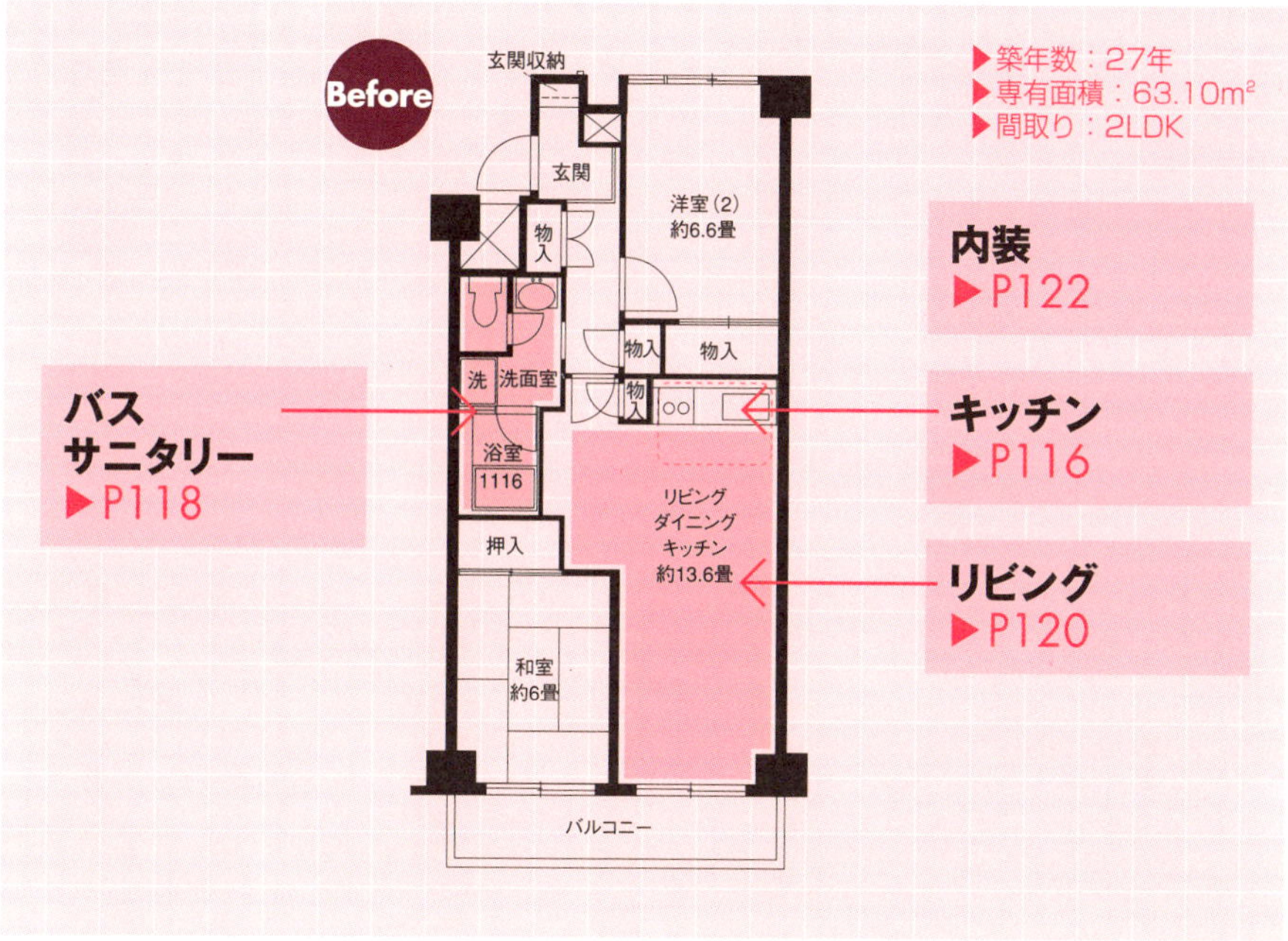


念頭に置いておく必要があります。

## 自分たちで決めつけず、専門家に相談

壊れた機器を取り替えるだけでなく、生活向上を考えてリフォームを行うなら、家族の考えだけで「ここを直そう」と決めつけるより、リフォーム会社に相談するのがおすすめです。

一部だけリフォームすると、他の部分の古さが気になり始め、「結局リフォームする範囲を広げることにした」などという例が少なくありません。

この機会に、家計とライフプランをにらみながら、いつ、どこを、どこまで直すか、将来を見込んだリフォームプランを立てるのもよいでしょう（マンションのメンテナンスサイクルは付録165ページの表参照）。そのうえで、現在払える予算の範囲内で、最も効果の高い工事を行えば、無駄なく後悔のないリフォームができることでしょう。

＊なお、以下のページで示す機器の価格や工期は、2008年3月末時点の資料をもとに算出しています。

# キッチンのリフォーム

## 電気やガス、水道などの配管や内装工事も必要

### 位置を変えずにシステムキッチンを取り替える

費用
約100万円
工期
約4〜5日

※写真は一部図面と異なる

定価58万円、間口2550mm・I列型の標準的なキッチンを交換した場合。既存の前面壁タイルはキッチンパネルに。壁・天井のクロスの補修を含む。フローリングは既存のまま

### 機器の価格が総額を左右する

キッチンは、配線と配管の集中する場所。システムキッチンを交換するだけでも、既存のキッチンセットの解体・撤去、新しいキッチンの据え付けと同時に、給水・給湯・配水管・ガス管、電気配線の接続を行わなければなりません。加えて、少なくともキッチン廻りの壁は新しくする必要があります。

キッチンの位置を変える場合、配管・配線も動かすことになり、そのために、床や天井を部分的に剥がして張り直します。

工事金額の中で一番大きな割合を占めるのはシステムキッチン、コンロなどの機器の値段。特にシステムキッチンはグレードによって価格に大きな差があるので、予算に合わせた選択が求められます。

## 壁付けキッチンを対面式に

費用
約150万円
工期
約1週間

配管の移動に伴って、壁や天井の工事が発生。定価76万600円、間口2400mm・I列型のキッチンと超薄型レンジフードの設置費用、キッチン13$m^2$分の内装費用が含まれる

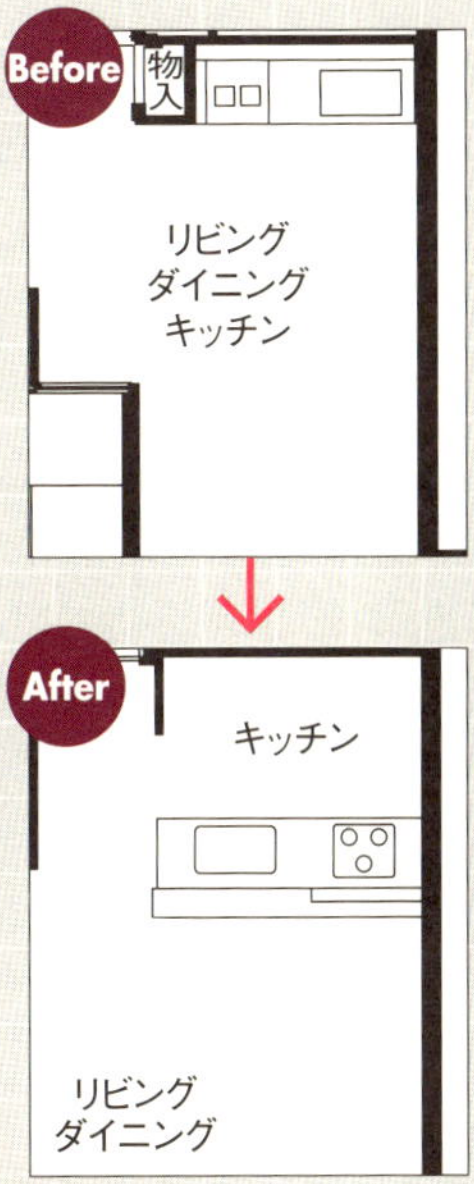


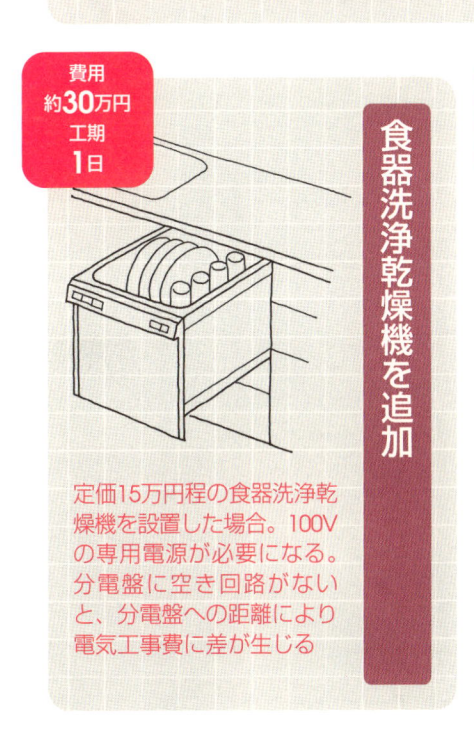

## 食器洗浄乾燥機を追加

費用
約30万円
工期
1日

定価15万円程の食器洗浄乾燥機を設置した場合。100Vの専用電源が必要になる。分電盤に空き回路がないと、分電盤への距離により電気工事費に差が生じる

## IHヒーターに交換

費用
約30万円
工期
1日

ガスコンロを電気IHクッキングヒーター（定価20万円程度）に交換。200Vの専用電源を追加する電気工事が必要。事前にマンションの電気容量を確認しておく

# バス・サニタリーのリフォーム

## マンションの構造によってリフォーム範囲に制限も

費用
約110万円
工期
約4〜5日

### ユニットバスの取り替え

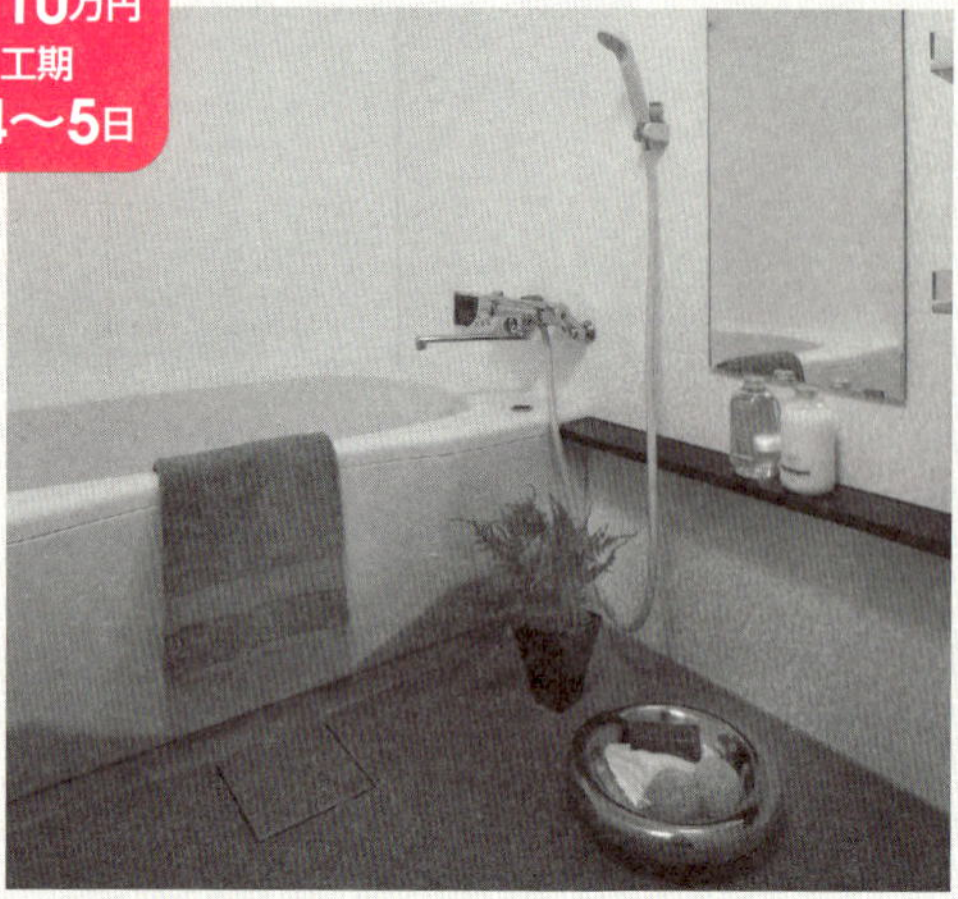

1116サイズ（1100×1600mm）、約62万円のユニットバスを入れた場合。洗面室のクロス貼り替えまで含む。クッションフロアの張り替え・塗装は別途。工期中1〜2日は浴室が使えない

### 機器単体の交換は比較的容易

マンションでは防水性に優れたユニットバスを使うのが一般的。同じ位置・同じ大きさで交換する場合は工事は比較的簡単に済みます。

トイレや洗面室・脱衣室を含めてトータルにリフォームする場合は、配管の移動が必要になることもあります。プランによっては内装材の張り替えやドアの交換を行うことになるでしょう。

水回りのリフォームに合わせて、床を組み直し、段差の解消を行う例もあります。浴室やトイレ回りは、高齢者の家庭内事故が起こりやすい部位です。将来に備えて広さを確保する、外からも開けやすいドアにする、手すりがつけられるよう壁を補強するなどの工夫も検討してはいかがでしょうか。

## 浴室サニタリーをトータルに一新

費用
約230万円
工期
約10〜14日

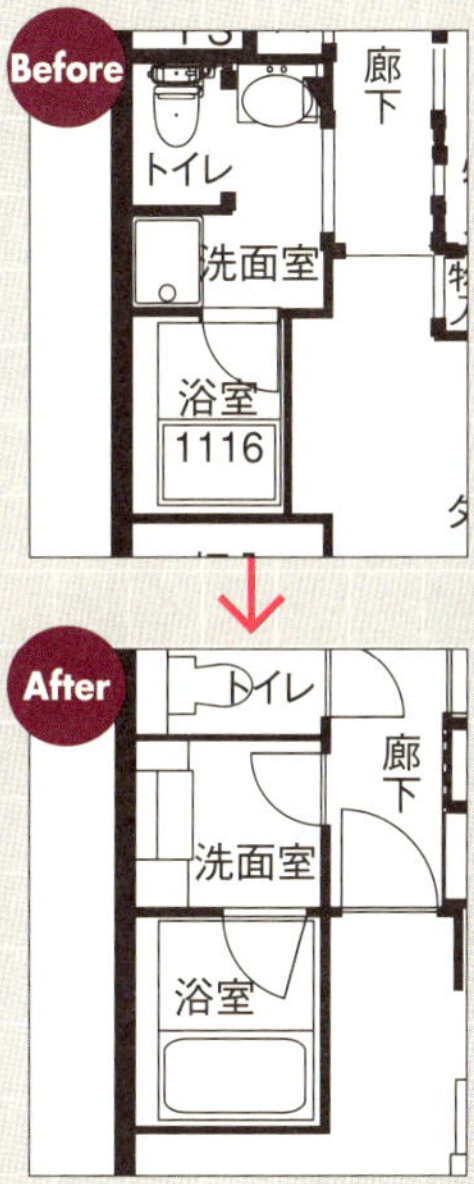


壁の位置を動かし、ユニットバスは1418サイズ（1400×1800㎜）、約71万円に交換。約18万円の洗面化粧台、約11万円の便器を想定した費用。給湯器は既存のまま

## 給湯器を取り替える

マンションの場合、給湯器の設置場所は共用部分にあたることが多い。交換する場合は管理組合に問い合わせを。電気やガスの容量制限も確認が必要

## 機器だけ変える

### ● 洗面台交換

幅80センチの洗面化粧台（定価12万円）の場合、施工費を含めて目安は約22万円。配管のつなぎ位置を変える場合はコストアップになる。工期は1日

### ● 便器交換

省スペースでデザイン性に優れたタンクレストイレの人気が高まっているが、マンションの場合は水圧不足だと設置できないものがあるので事前に確認が必要

### ● 浴室乾燥機追加

定価9万8000円の浴室乾燥機を設置した場合、費用の目安は約20万円、工期は1日。100Vの専用電源が必要になる。ブレーカー増設などは別途

# リビングのリフォーム

## 間取り・インテリア次第で多様な可能性

### 和室を取って広いリビングにする

費用
約85万円
工期
約1週間

6畳の和室をなくして、全体で15畳強のリビングダイニングにリフォーム。和室部分の畳を撤去し、床の下地をならして、天井下地も組み直している。仕上げは直張りのフローリング。壁と天井のクロスはLDK全面分を含んだ費用

### 下地の状態によって工事内容に違い

住まいの中心といえるリビング。間仕切りを取り払って広くする、キッチンとの位置関係を変える、などリフォームの可能性はさまざまです。例に挙げた、和室を取り払い、2室を1室にするのは典型的な一例。

既存が畳の部屋だった場合、床や天井の構造によって工事の内容が変わります。コンクリートの構造の床に直接仕上げ材を張る「直床式」の場合、洋室と和室では下地の高さが違うので、左官工事でならして段差を解消しなくてはなりません。

また、和室は天井に板を張ってあるなど、洋室とは下地も仕上げも違う場合が多いもの。洋室とつなげて一室にする場合は、下地を組み直す工事が必要です。

仕上げに使う材料も多種多様ですから、どんな内装

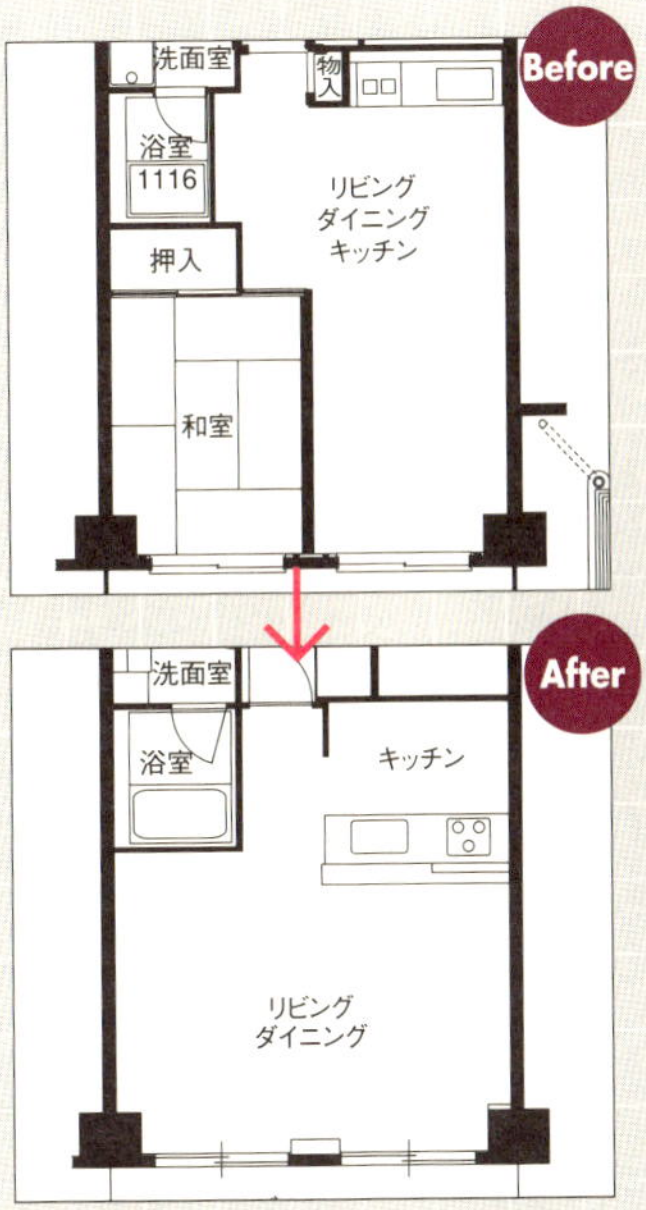

にするかによっても費用が変わります（次ページ参照）。

さらに、快適性を高めるために空調を追加したり、床暖房を入れる例も。また、外壁面や床下などに断熱材を入れたり、インナーサッシを設置して断熱性を向上させることもできます。

テレビやＡＶ機器、ＤＶＤなどのメディア類や書籍を収納するために棚や収納家具を造り付けるケースも。その際には収納家具の価格が費用に反映します。なお、システム収納家具より、大工工事で棚を取り付けたほうが費用は割安。「見せる収納」にするか、扉で隠すかは、しまう物と使い道によって考えます。

## 床暖房

マンションリフォームでは、施工が容易なフローリング材とヒーターが一体になった電気式床暖房を使用することが多い。ガスの床暖房を利用する場合は、配管が必要で、給湯器との位置関係によって工事範囲が広がることもある

# 内装のリフォーム

素材と職人の手間で費用が決まる

## 壁クロスの貼り替え

費用
約65万円
工期
約4日

ユニットバスと収納の内側を除く、すべての壁面を普及品のビニールクロスに貼り替えた場合。ソフト幅木を使用、下地調整は既存の状態により別途

### 仕上げ材によって下地に違いも

さまざまな部位のリフォームに関わる内装材。既存と同じ材料で新しくする場合は、それほど難しくありませんが、クロスを漆喰に、カーペットをフローリングにするなど、素材を変える場合は注意が必要です。内装材は、仕上げがクロスの場合と左官材の場合とでは、下地も変えなくてはならないからです。

また、同じクロスでも、紙クロスはビニールクロスより下地の凹凸が表に響きやすいので、表面を調整しなくてはならないこともあります。

さらに、2階以上の部屋で床をフローリングに変える場合は、階下に対する音に配慮が欠かせません。管理組合でフローリングの遮音性能を規定していることもあるので、事前に確認しましょう。

## カーペットをフローリングに

費用
約90万円
工期
約1週間

ユニットバス・洗面・トイレと収納の内側を除く、すべての床を、遮音性能L－45の普及タイプのフローリングにした場合

●床衝撃音に対する遮音等級と生活実感（日本建築学会）

| 遮音等級 | 集合住宅としての等級 | | 椅子の移動音、物の落下音など（軽量:LL） | 人の走り回り、飛びはねなど（重量:LH） | 生活実感 |
|---|---|---|---|---|---|
| | 軽量床衝撃 | 重量床衝撃 | | | |
| L-40 | 特級 | 特級 | ほとんど聞こえない | かすかに聞こえるが、遠くから聞こえる感じ | ・上階で物音がかすかにする程度<br>・気配は感じるが気にはならない |
| L-45 | 1級 | | 小さく聞こえる | 聞こえるが、意識することはあまりない | ・上階の生活が多少意識される<br>・スプーンを落とすとかすかに聞こえる |

## 壁の仕上げ材いろいろ

和紙系クロス

タイル

左官（コテ仕上げ）

珪藻土や漆喰などの左官材の場合は、職人の手間がかかるぶん費用がかさみ、工期も長くなる。最近では、施工を容易にした新しい健康素材もいろいろ出ている。費用は各商品カタログの「材工単価」を参考に

# 間取り変更のバリエーション

## スケルトンリフォームで可能性が広がる

### 家族と目的に合わせて選ぶ間取り

「スケルトンリフォーム」の最大のメリットは、なんといっても、家族の人数やライフスタイルに合わせて間取りを自由に変えられること。

中古マンションは、販売時に「部屋数」をセールスポイントに設計されたことが多く、「細かく仕切られていて暗くて狭い」「収納が足りない」という不満がよく挙げられます。そのため、最近では、部屋数を減らすリフォームを行う例が増えています。ただ、部屋数を減らす代わりに、何を加えるかは人それぞれ。

たとえば、子どもを持つ家庭では、家族の集まるリビングを広くし、キッチンと一体感を持たせる例。

また、子どもが独立したあとの夫婦2人暮らしを楽しむために、各自の趣味の部屋を設ける例など。

もともとは同じ間取りのマンションでも、目的に合わせてさまざまなリフォームが可能です。そうはいっても、既存の状態からどこまで変えられるか、具体的にイメージするのは難しいもの。次ページからは「M-スタイリング」のプランバリエーションをもとに、間取り変更例をご紹介します。既存のタイプや広さを目安に、あなたの理想に近いプランを見つけてください。

### プロの知恵を引き出し、最良のプランを

間取り変更のリフォームでは、具体的な間取りを考えるより、どんな暮らしがしたいかを考えることが先決です。誰がいつ、どこで、どんなふうに過ごしたいかなどをまとめて、リフォーム会社にぶつけてみましょう。上手にプロの知恵を引き出せば、きっと、世界に一つの斬新なプランが得られることでしょう。

# 玄関中入り中ダイニングタイプ

玄関から中廊下が通っている間取り。LDKが中央にあり、その両側に個室が振り分けられている。水回りは隣戸寄りにまとめられている

[既存]

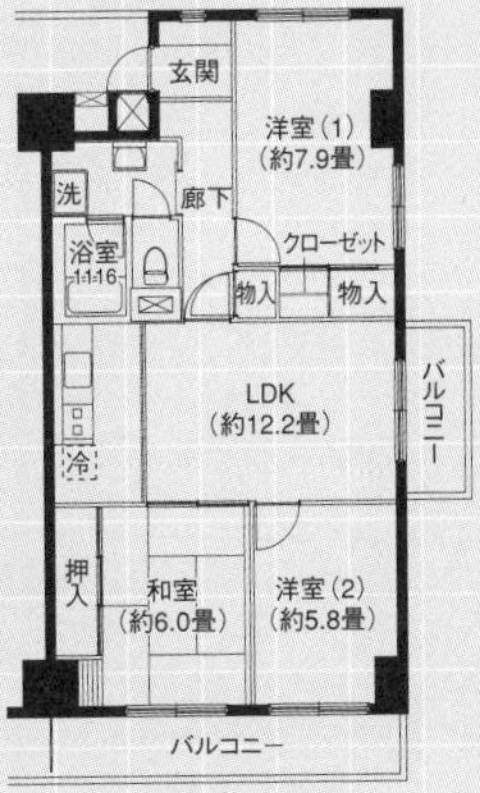


72.31m²
〈間口6.3m〉

## ①1LDK＋アトリエ＋UTL
趣味充実プラン

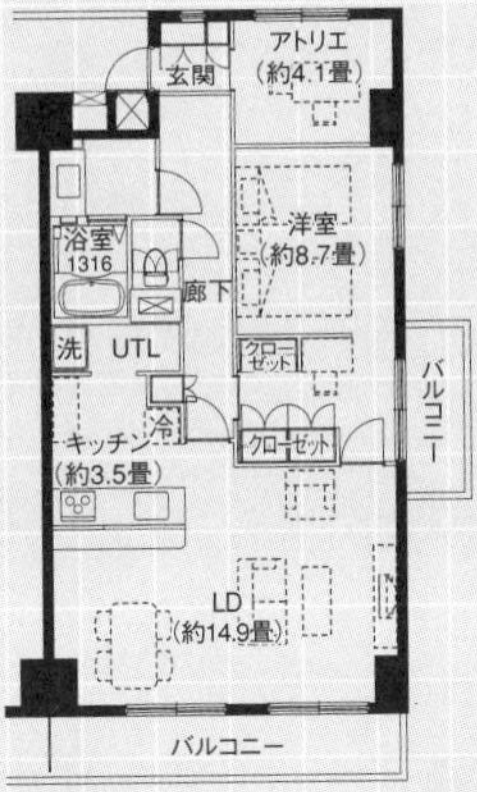


和室と洋室を一体化してLDKを広く。玄関脇に多目的なアトリエ

## ②2LDK＋WIC＋UTL
個室充実プラン

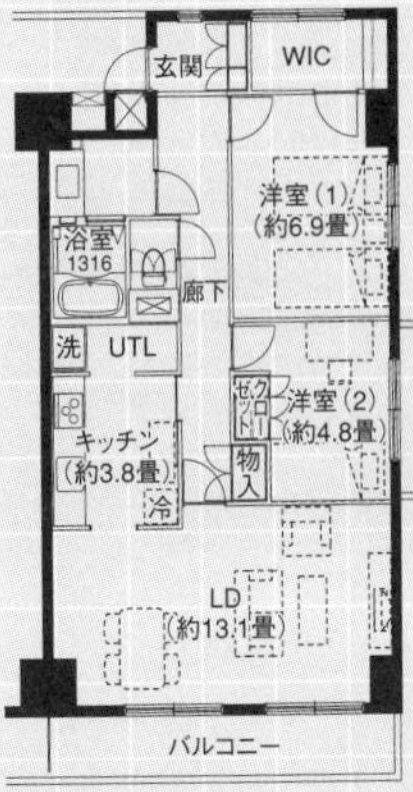


ウォークインクローゼット付きの主寝室と、机も置ける子ども室を

## ③1LDK＋アトリエ＋DEN＋WIC＋STR
趣味充実プラン

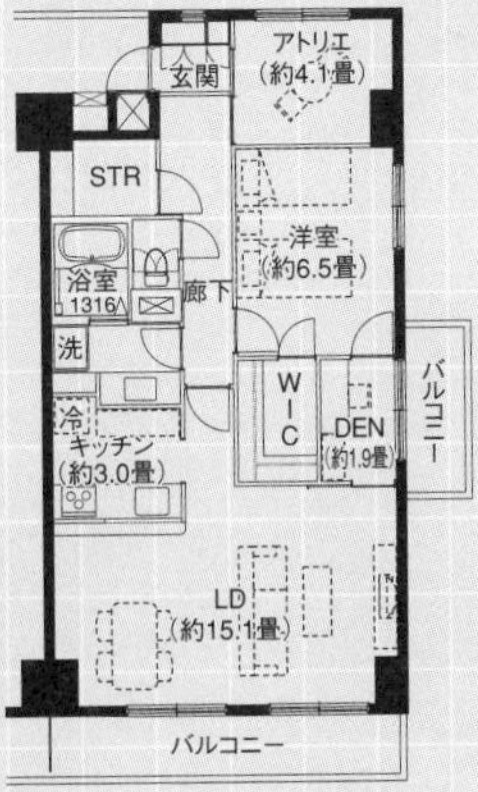


独立したアトリエと主寝室付属のDENで、一人の時間も充実

## ④2LDK＋SIC＋STR
収納充実プラン

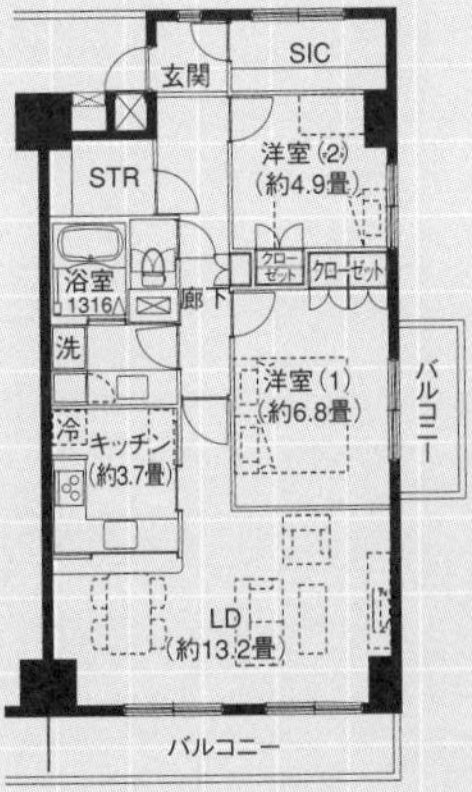


シューズインクローゼットとストレージを設け、収納量たっぷり

※DEN：書斎、SIC：シューズインクローゼット、STR：ストレージ（納戸）、UTL：ユーティリティ、WIC：ウォークインクローゼット

# 玄関片入り南面和室タイプ

玄関は隣戸との戸境壁に寄せて配置されている。水回りが中央にあり、北側に個室を3室、南面にLDと和室を配した間取り

[既存]

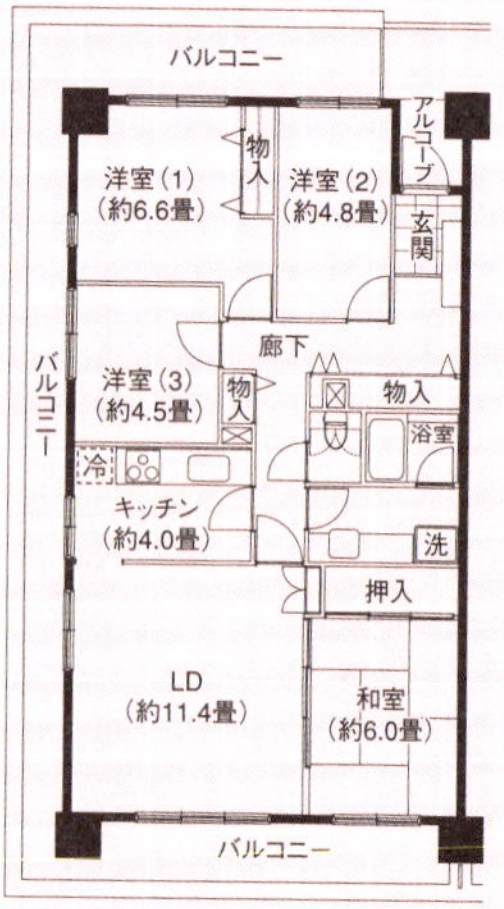


85.91m²
〈間口7.05m〉

## ①2LDK＋WIC＋SIC＋STR
収納充実プラン

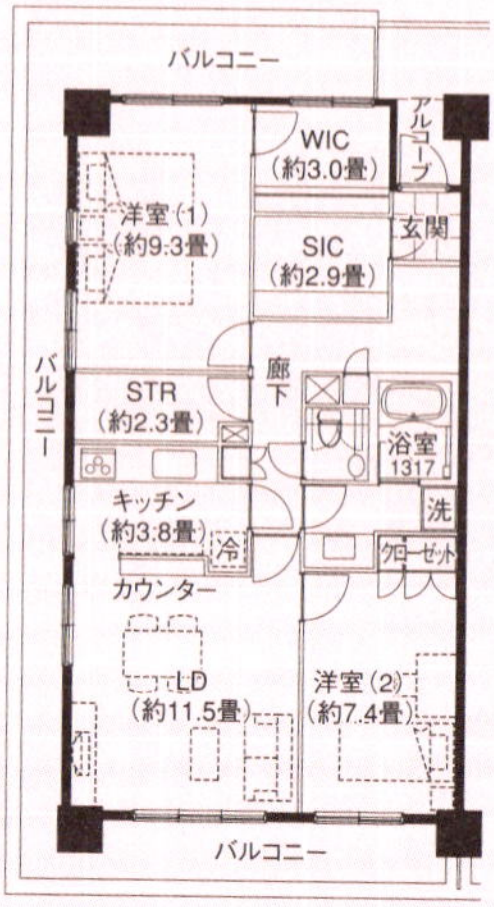


北側の洋室3室を、主寝室を中心にした収納充実のプランに

## ②3LDK＋WIC
個室充実プラン

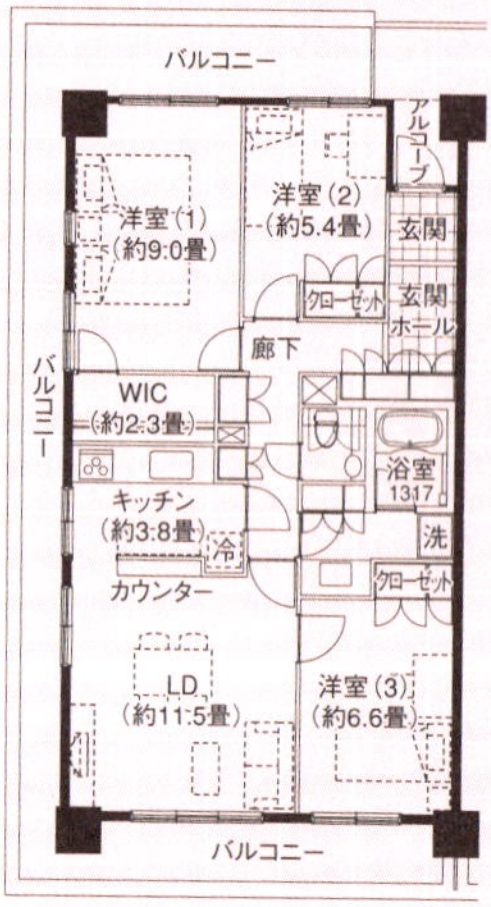


和室を洋室に。主寝室以外に収納を備えた個室を2つ確保した

## ③2LDK＋DEN＋アトリエ＋STR
趣味充実プラン

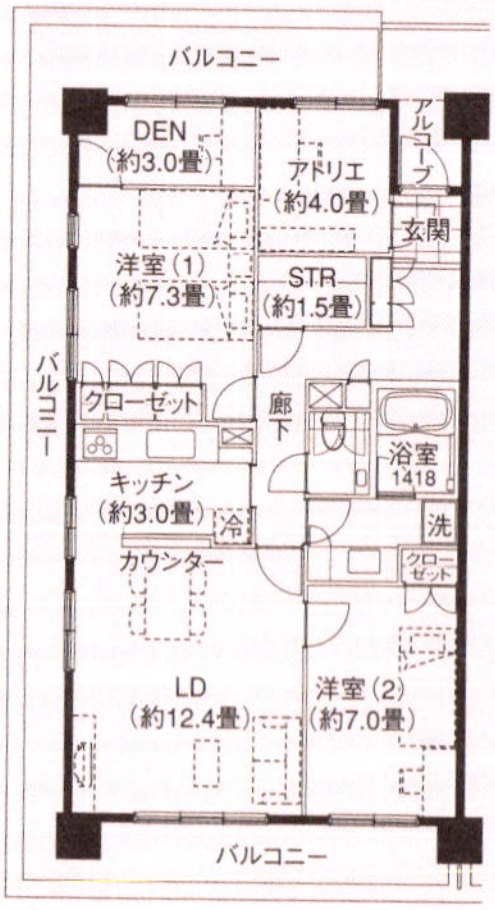


玄関脇にアトリエ、主寝室の隣にDENを。ストレージも新設した

## ④2LDK＋DEN＋STR＋パントリー
コミュニケーションプラン

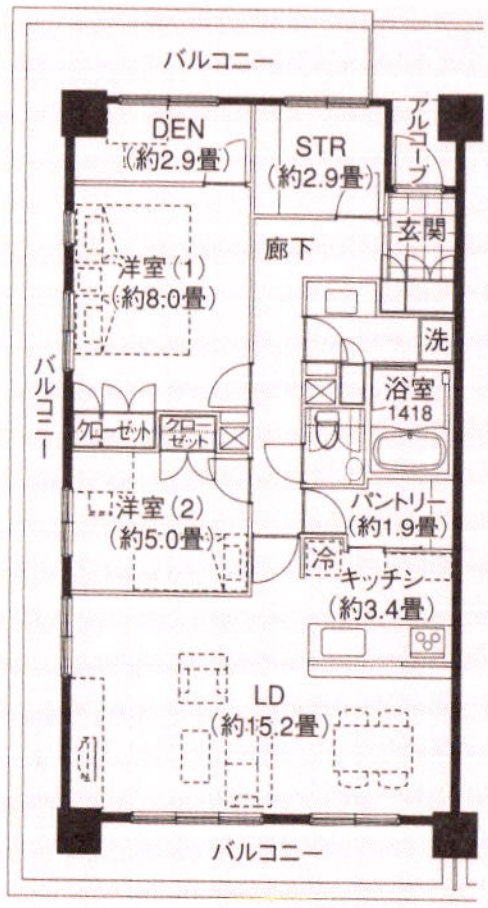


和室とLDKを一体化し、キッチンを対面式に。パントリーも用意

# 玄関センターインタイプ

二面がバルコニーに面した住戸で、北側に個室2つ、南側にLDKと和室があり、その間に玄関があるセンターインタイプ。水回りは中央にまとまっている

[既存]

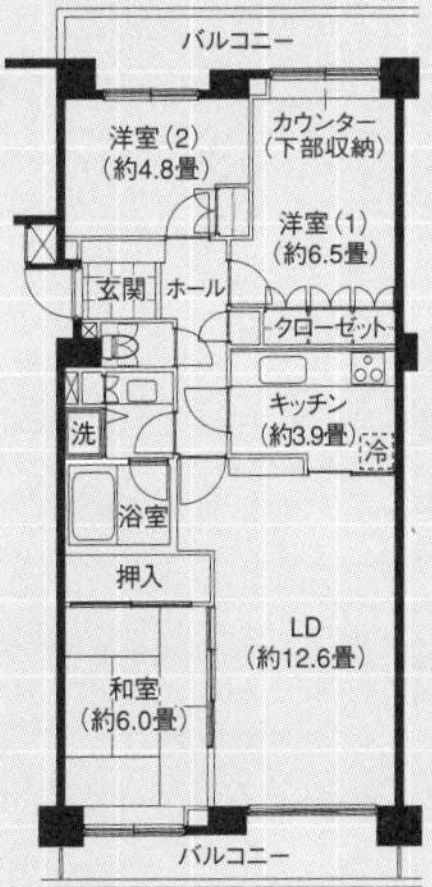


77.90m²
〈間口6.1m〉

## ①1LDK＋DEN＋パントリー＋WIC＋SIC
収納充実プラン

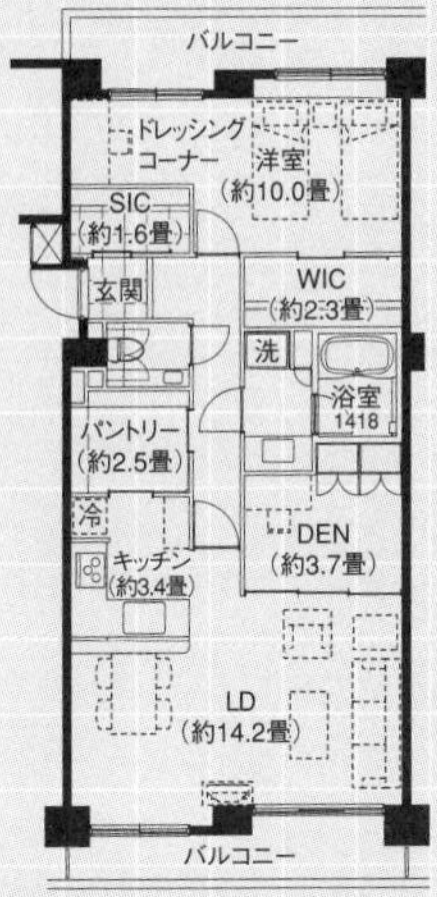


L字型の対面キッチンの裏にパントリーを。クローゼットも充実

## ②2LDK＋アトリエ＋STR
趣味充実プラン

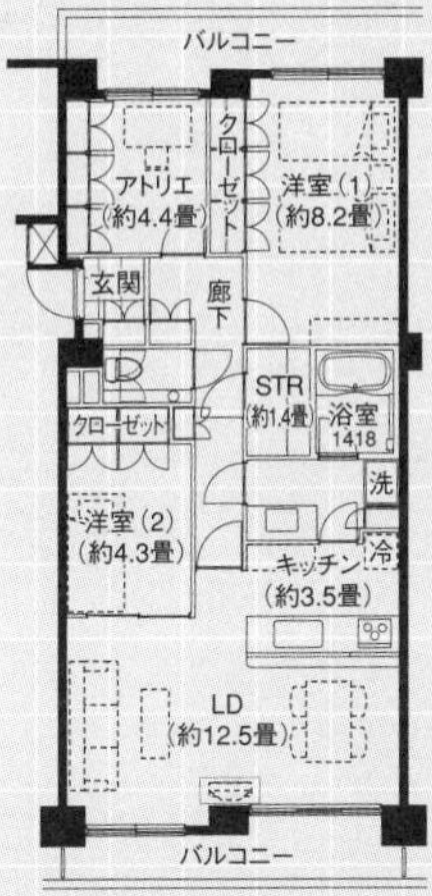


収納の充実した個室2つのほかアトリエを用意、ストレージも確保

## ③3LDK
個室充実プラン

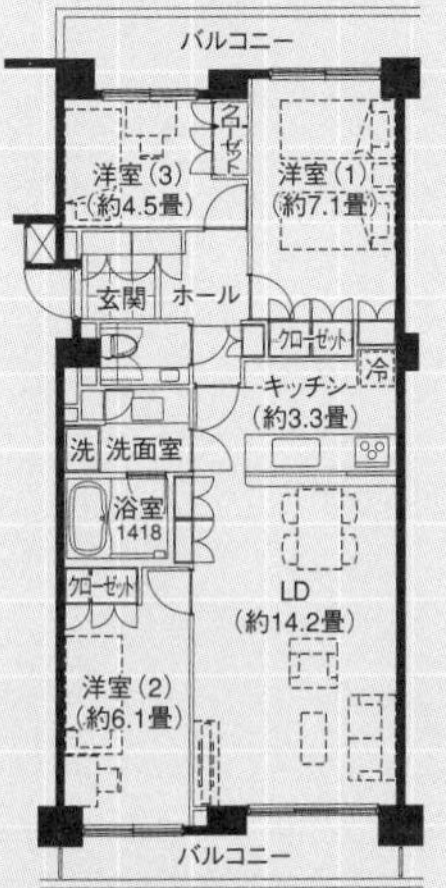


和室を洋室に変えて個室3室に。リビングダイニングを少し広げた

## ワイドスパンタイプ

[既存]

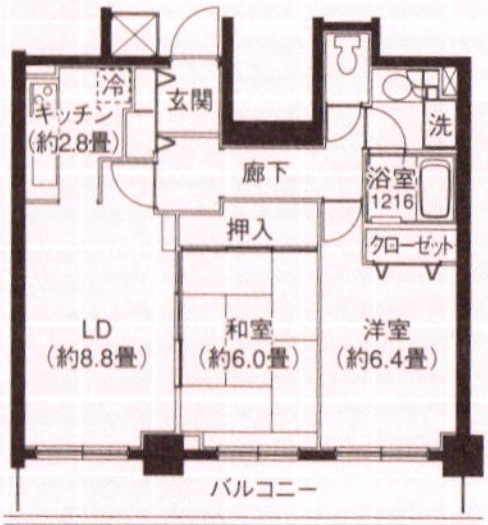


間口約8mのワイドスパン住戸。北側左右に水回り、南面にLDと居室

60.00m² 〈間口8.4m〉

## ①1LDK+WIC+SIC
収納充実プラン

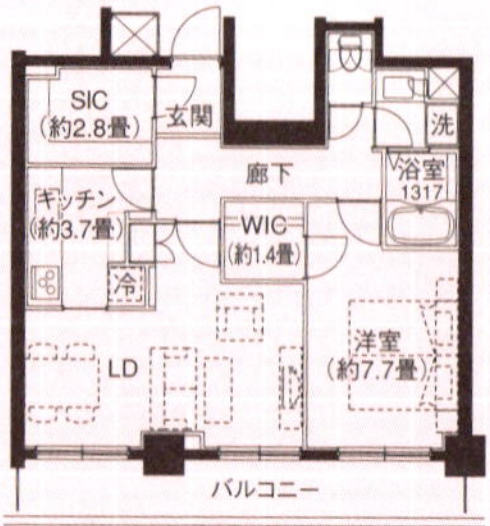


玄関にシューズインクローゼット、寝室にウォークインクローゼットを

## ②1LDK+DEN+WIC
趣味充実プラン

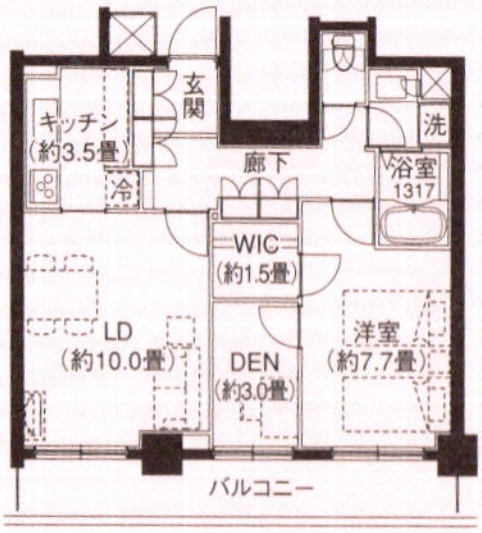


主寝室の隣に、書斎として使えるDENとウォークインクローゼットを

## 玄関中入り南面和室タイプ

[既存]

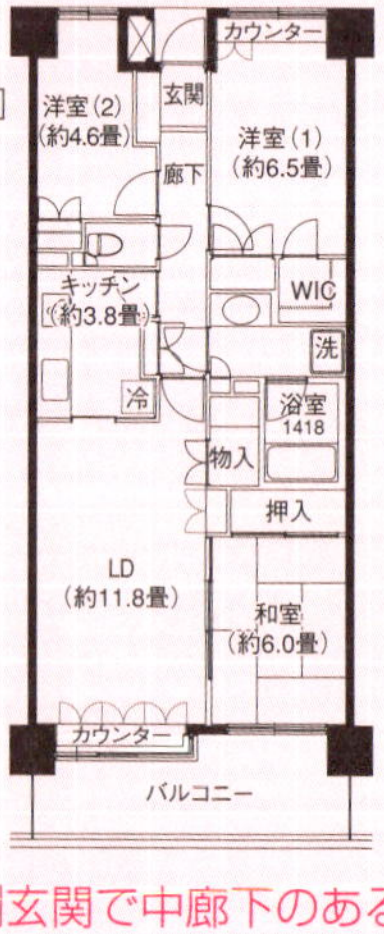


北側玄関で中廊下のある典型的な間取り。南面にLD、中央に水回り

79.45m² 〈間口6.0m〉

## ①2LDK+WIC+SIC+STR
収納充実プラン

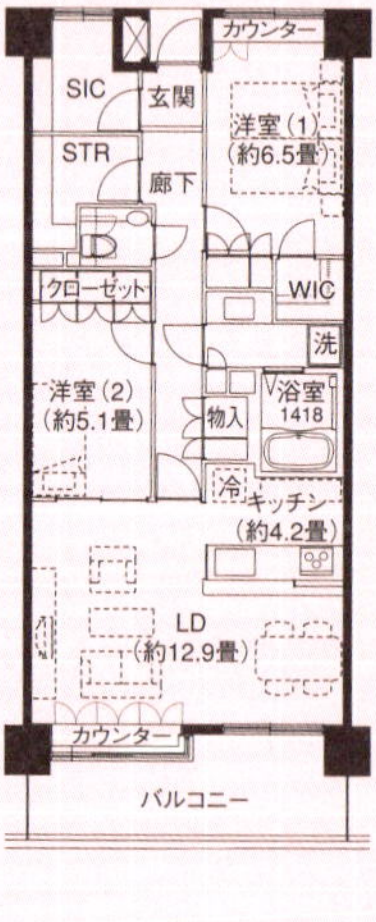


家族で共有できる、充実のシューズインクローゼットとストレージ

## ②3LDK+WIC
個室充実プラン

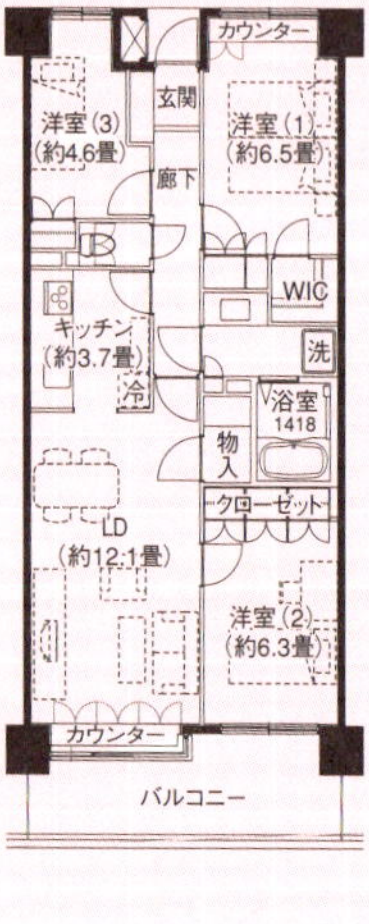


ウォークインクローゼット付きの主寝室のほかに個室を2つ確保

# 4章

# 中古マンション購入から
# リフォームまで
# ステップ別必須知識

# 物件購入とリフォーム計画は同時進行が理想的

## ●——リフォームを想定に入れて物件を選ぶ

ここからはもう一度、中古マンションを購入してリフォームし、念願の住まいを手に入れるまでの道のりを整理してみましょう。

### プラン&予算のベストチョイスを

初めからリフォームを前提にしてマンションを購入するなら、仲介とリフォームの両方について相談できる会社に頼むか、あらかじめリフォームの依頼先を決めておくのがおすすめです。リフォームでどんなことが可能か、物件を選ぶ時点で相談できれば、購入の判断材料になるからです。

また、資金計画の面でも、その物件の価格とリフォームにかかるおおよその工事費とを同時に検討できるので、両方のバランスをみながら、ベストの選択を探れます。たとえば、立地はいいけれど使いづらそうな物件でも、「予算内のリフォームで改善できるならお買い得」と判断できるでしょう。

本当に自分の望んでいることが実現できるか、十分納得してから購入に踏み切ることができるのです。

また、詳しくは１５４ページでも説明しますが、購入するときにリフォーム計画ができていれば、住宅購入費用とリフォーム費用をまとめてローンに組み入れることも可能です。ローンの審査や契約などの手間も、一度で済ませられます。

### 住まいに望むことの優先順位をつけよう

物件選びとリフォームを同時にスムーズに進めるためには、事前に、住まいにどんなことを望むか、優先順位をきちんと整理しておくことが大切です。

### ●リフォームで解決したい要望

| | |
|---|---|
| 家族の交流 | 家族同士の接し方、親子の交流、お互いのプライバシー |
| 各自の時間 | 家事、勉強、趣味など、家族それぞれの家の中での過ごし方、来客の多寡など |
| 必要な設備 | キッチンや浴室への要望 |
| 収納したいもの | 各自の持ち物やその量 |

### ●リフォームでは解決できない条件

| | |
|---|---|
| 立地条件 | 交通の便、生活の利便性、教育環境、自然環境など |
| 建物の条件 | 構造、外観エントランス、駐車場の整備状態など |
| 管理状態 | 管理やメンテナンスの状態 |
| 住戸の条件 | 方位、日当たり・眺望・騒音や遮音の状況、専有面積、バルコニーの広さ、専用庭の有無など |

まず、リフォームでは解決できない、物件そのものの条件について考えてみましょう。

たとえば、マンションの立地条件や周辺環境、建物全体の雰囲気や外観。また、住戸の方位、日当たりや眺望、風通しなどの条件です。これらの中で、あなたとあなたの家族にとって大事なこと、反対に、譲ってもかまわないことは何でしょうか。

また、リフォームをすることによって実現したい夢はどんなことですか。

子どもや親とどう接していくか、家の中でどう楽しむか。たとえば、頻繁に友だちを招きたい、または一人で仕事や趣味に没頭したい、週末の夜は夫婦でゆっくりお酒を飲みたい、などなど……。今の住まいで不足に思っていること、また満足していることを振り返るのも手掛かりになります。

さらに、実際に仲介会社やリフォーム会社の門戸を叩くにあたっては、入居までのおおまかなスケジュールの希望と、月々に支払えるお金、自己資金などを心づもりしておく必要もあります。

では、次のページからはいよいよ、住まい探しの本格スタートです。

## 物件購入検討からリフォームまでの流れ

### 住みたい家のイメージをもつ

広さ、間取り、エリア、予算など物件探しにあたり要望をまとめておきましょう。また、どんな暮らし方を望むかを考えておくことは、リフォームをするうえでのポイントになります。

### 不動産仲介会社を選ぶ

取り扱い物件の豊富さや得意なエリアなどを確かめて選びましょう。

依頼するリフォーム会社が決まっている場合、リフォームを前提として物件を探していくこともできます。リフォーム会社とグループの不動産仲介会社で連動して対応してくれるところもあります。

### 物件を紹介してもらう

希望の条件に合う物件の情報をFAXなどで送ってもらいます。

不動産会社に、リフォームを前提としていることを伝えることで、紹介物件の幅も広がるでしょう。

### 検討物件の現地見学

条件に合う物件が見つかったら、現地見学へ。間取り変更や水回りの位置を移動するなど、大がかりなリフォームを検討している場合は、希望が実現できるか、リフォーム会社に事前に相談してみるのもよいでしょう。その際、リフォームにかかる概算費用を確認し、物件購入額と合わせて資金計画を立てましょう。

### 購入物件の決定・申し込み

条件に合った物件が決まったら、購入を決定。契約前日までに重要事項説明を受けます。

### 融資審査・承認～物件売買契約

ローンの審査・承認を経て、物件の売買契約、ローン契約を行います。

※この段階までにリフォームプランと見積もりが決定していれば、物件購入費とリフォーム費用をまとめたローンの申し込みができます。

### リフォームのための現地調査

売買契約が成立したら、リフォームの詳細なプランを作成するために、売主の承諾を得て再度現地の詳細な調査を行います。

### リフォーム企画プラン・概算見積もり

企画プランの提出を受けたら、まずは希望に合ったプランかどうか、見積もりは予算に合っているかを確認します。管理規約との整合性もチェックします。

### 実施設計

企画プランと概算見積もりで大方見通しがたったら、実施設計という詳細の打ち合せに入ります。具体的にショールームで確認して設備機器を決めたり、照明の位置を決めたり。この実施設計に入る前に、設計の申し込みにあたる契約を行うこともあります。

**リフォームローンの融資審査・承認**

（購入のための融資とは別に、リフォームローンを使う場合）

**残金支払い・引渡し・登記**

すでに支払っている申込金や手付け金以外の残金を支払い、物件の引渡しを受けます。リフォーム工事は物件の引渡し以降でないとできません。

**リフォーム工事請負契約**

最終プランと見積もりを確認して、工事の契約を行います。これで、工事の準備に入るので、なるべくこれ以降の変更がないようにしましょう。ここでリフォーム工事の契約金を支払います。

**管理組合への届出**

リフォームの工事内容が決まったら、管理規約に沿って管理組合に届出を行います。理事会などでの承認を得るために、時間がかかることもあります。

**着工前確認**

現地にて、工事内容の確認を行います。近隣への挨拶も着工前にしておきましょう。

**着工〜施工**

着工金を支払います（支払い回数は工事規模により異なります）。工事中も機会があれば、現場を確認しておくのもよいでしょう。特に、スケルトンリフォームの場合では、解体後が躯体の状況などを確認できるチャンスです。

**工事完了検査**

設計図書どおりにでき上がっているか、キッチンなど設備機器の作動なども確認します。

**竣工（工事完了）〜引渡し**

仕上がりが確認できたら、引渡し後入居となります。工事代金を清算し、残金を支払います。

**保証書の発行とアフターサービス**

リフォームにも、工事内容に応じた保証が受けられます。定期アフターサービスを設けている会社もありますので、確認しましょう。

# 中古マンション探しの前に知っておきたいこと

## 新しいほど質が高いとは限らない

これまで自明のことのように「中古マンション」と書いてきましたが、その正確な定義をご存じの方は、案外少ないのではないでしょうか。

「新築」と「中古」の境目は、まず第一に、そこに人が住んだことがあるかどうか。建物自体がどんなに新しくても、誰かが一度住めば「中古」になる、ということは理解しやすいと思います。

では、竣工後、人が住まないまま売れ残っているものはどうでしょうか。これについては2通りの定義があります。不動産広告のルールでは「建築後1年以上経過」したものが「中古」。いっぽう、長期固定金利ローン「フラット35」では「竣工から2年を超えている住宅」を「中古」とみなしています。ひとくちに「中古」といっても、新築同様のものもあるわけです。

また、築年が古くても、壁や床を張り替え、機器を新しくして「リフォーム済み」で売り出す中古マンションも少なくありません。

買ってそのまま住むなら、新築同様の住戸を狙う方法もあるでしょう。けれども、初めからリフォームを見込んで買うには、「リフォーム済み」である必要はないわけです。続けて2回リフォームすることになり、結果的に割高になるおそれもあります。住戸の表向きのこぎれいさに惑わされないようにしましょう。

### マンションの建築時期をチェックする

中古マンションのよしあしは新旧だけで一概に判断することはできません。新しくても質が落ちるものもあるし、古くても高品質で風格があり「ヴィンテージマンション」などと呼ばれるものもあります。ただ、「何年に建てられたか」は、マンション選びの大切なヒ

## ●マンションの築年と建築時の状況の目安

### 耐震性

| | |
|---|---|
| 1971年 | 耐震基準改正前 |
| 1972～1981年5月 | 耐震基準の一部改正以後 |
| 1981年6月以降 | 新耐震基準施行以後確認申請をとったものが基準を満たす |
| 2000年～ | 構造計算方法の追加 |
| 2007年～ | 耐震偽造事件を受けて建築確認を厳格化 |

### 建築当時の市況

| | | |
|---|---|---|
| 1972～1973年 | 第3次マンションブーム | 会社員向けの郊外型マンションが多数供給される |
| 1974～1975年 | オイルショック | マンション建設が落ち込む |
| 1977～1980年 | 第4次マンションブーム | 購入主体は団塊の世代。都心にマンションが建設される |
| 1986～1987年 | 第5次マンションブーム | 買い替えや資産運用目的の購入が増える。立地は準都心・郊外 |
| 1989～1990年 | 第6次マンションブーム | バブル期。法人が購入するケースが増える。遠郊外にも建設される |
| 1993～1996年 | 第7次マンションブーム | 準郊外型。共働き、ニューサーティーがターゲットに |
| 1999～2001年 | 第8次マンションブーム | 都心回帰。低金利が後押しする。シングルの購入者も増える |

ントになります。

まず、耐震性能。地震大国である日本では、これまで、大地震が起きるたびに、その経験を踏まえて建築のルール（建築基準法）に手を加えてきました。現在適用されているのが「新耐震基準」で、１９８１年６月にスタートしました。つまり、これよりあとに建てられたマンションは、一定の耐震性能を備えているはずだと考えられるわけです。上表に耐震基準の改正時期を挙げました。マンションが計画されてから完成するまで少し時間がかかるので、ここでは１９８２年以降に竣工したものを「新耐震基準」とみなしています。

また、マンションは建築時の市況や生活水準、対象マーケットに応じて設計されているものです。

１９８２年頃までに建てられたマンションは上下階のコンクリート厚が薄く、給排水管が取り替えられない構造が多く、リフォームでは改善できません。

一方、バブル期のマンションには外観や設備のグレードが高いものが多く、ユニットバスも普及しています。第七次マンションブームでは基本性能が向上し、給排水管もメンテナンスしやすい構造になっています。

# 情報収集の第一歩、広告の読み方を知っておく

## ●不動産広告の内容や表現にはルールがある

マンションなどの不動産物件のチラシや広告には、記載しなければならない項目と表現方法について業界のルールが定められています。その読み方と用語は、マンション探しに欠かせない知識です。

広告のなかでもとくにじっくり読み込みたいのは「物件概要」と呼ばれる部分です。次ページはその一例。ここでは、その項目を一つずつ見ていきましょう。

①**価格**：建物の専有部分と土地の持ち分の合計価格。消費税も含まれています。

②**交通**：徒歩時間は1分＝80ｍとして計算し、1分未満の端数は切り上げます。電車やバスの所要時間は運行ダイヤに基づくもの。乗り換え時間は含まれませんし、通勤時間帯や交通事情によって変動します。

③**専有面積・バルコニー面積**：専有面積は内法（うちのり）ではなく、壁の中心線で囲まれた「壁芯面積」が表示されます。この数字は、内法で計算する「登記簿面積」より若干大きくなります。また、「バルコニー面積」は共用部分に該当します。

④**構造等**：マンションの構造（１４０ページ参照）と、階数、この住戸が何階部分にあるかが示されます。

⑤**管理費等**：毎月支払う管理費で、別途表示がない場合は修繕積立金が含まれています。また、敷地が借地の場合はその借地料が含まれます。

⑥**取引態様**：広告主が売り主なのか仲介なのかがわかります。中古マンションの売り主は、個人または法人で、不動産会社が仲介しているケースが多いでしょう。この場合は、売買契約が成立したら仲介会社に手数料（１５２ページ参照）を支払うことになります。

## 広告に書いていないことも探る

残念ながら、中古マンションの場合、新築に比べると広告から得られる情報は多くありません。次に示すような「書かれていない可能性のある」項目については仲介会社に尋ねるなど積極的に情報を求めましょう。

**●用途地域**：都市計画でその地域に建てられる建物の種類や規模を決めるルール。事前にそのエリアの環境を知る手がかりです。たとえば、「住居専用」とつく地域には、大型の店舗や事務所は建てられません。また、周辺で都市計画が公表されている場合は、環境が大きく変化する可能性があります。自治体のホームページなどで確認しておくとよいでしょう。

**●建ぺい率・容積率**：敷地の面積に対して、どのくらいの規模の建物を建てられるかという数値。建ぺい率は敷地面積に対する建築面積の割合、容積率は延床面積の割合です。注意点としては、建設時と現在とでは数字が変更されている場合もあることです。今建っている建物が、現在のルールより大きい場合は「既存不適格」と呼ばれます。そのまま住み続けるには問題ありませんが、建て替えなければならなくなると、もともとの建物より小さい建物しか建てられないなどの問題が生じることになります。

**●デベロッパー・建設会社**：広告に仲介会社は明記されても、設計会社や施工会社は省かれることが少なくありません。建物の質をおしはかるためには、ぜひ知っておきたい情報です。

### ●不動産広告の読み方

**物件概要**

**所在地**／西千葉

**価格**／3800万円（税込）……………………①

**交通**／○○線○○駅下車徒歩12分 ……②

**専有面積**／67.88$m^2$ 3LDK
**バルコニー面積**／3.94$m^2$ ……………③

**構造等**／鉄筋コンクリート造
9階建て8階 ……………………④

**竣工年月**／平成13年8月

**管理費**／13000円（修繕積立金含）……⑤

**<仲介>**○○○**不動産**
Tel 00（000）0000 …………⑥

# 立地条件、住環境は自分の目と足で確かめよう

## 地図や広告だけではわからないことも多い

マンションを買うことは、住環境を買うことでもあります。これればかりは、買ったあとで変えることはできません。事前に自分の目と足を使ってしっかり確かめ、十分納得しておきたいものです。

### 交通の本当の所要時間は歩いて調べる

広告にも、交通の基本情報は載っていますが、実際のところは、現地に行ってみないとわかりません。前項で述べたように、広告の徒歩時間は距離だけを目安にしています。坂道が多かったり、途中に踏切があったりすれば、所要時間はかなり変わってしまいます。

とくにバス便は、運行間隔も確認しておかないと、本当に利用できるかどうかわかりません。1時間に数本しかないようだと、日常の足としてはあまり期待できないでしょう。

また、バスを通勤に利用するなら、道路の混雑状況や最終便の時間もチェックしておいた方がよいでしょう。朝の通勤時間帯の混雑度によっては、通勤には使えない可能性もあります。

自転車を利用するなら、駅周辺の駐輪場の整備状況や空き状況もチェックポイントになるでしょう。

### スーパーは町の実状を教えてくれる

スーパーやコンビニ、病院や公園などの生活施設についても、実際に歩いてみると距離感がつかめます。毎日の買い物に使うためには、営業時間も知っておきたいところですし、中に入ってみれば品揃えや物価もわかります。スーパーの様子からは、その町全体の暮らしの雰囲気が伝わってくるものです。

マンション周辺では、街並みの様子や道路や線路の

### ●立地環境のチェックポイント

| | | |
|---|---|---|
| 地図でわかること | 通勤・通学ルート | 最寄駅・路線・バスルートなど |
| | 教育施設 | 学校や幼稚園の有無 |
| | 生活施設の有無 | デパートやスーパー、コンビニ、銀行・郵便局、役所など |
| | あってほしくないもの | 幹線道路、線路、工場、ゴミ焼却場など |
| 現地で調べたいこと | 交通の利便性 | 電車やバスの時刻表、道路の歩きやすさ、所要時間、駐輪場の状況など |
| | 生活の利便性 | スーパーなどの品揃えや営業時間 |
| | 防犯・安全性 | 道路の交通量、人通り、通りの雰囲気や街灯の整備状況 |
| | 生活環境 | 近隣の公園や緑、また騒音や悪臭などの状況 |
| 役所で調べること | 保育園の利用状況や子育て・介護支援など福祉サービス・都市計画など | |

騒音をチェックします。じっくり歩いてみると、近隣の空き地や、建て替えの計画に気づくこともあるでしょう。将来、環境が変わる可能性のあることがわかるかもしれません。

## 時間帯によって町は違う顔を見せる

町の様子や交通量は、昼と夜、平日と休日でも変わります。「これは」と思ったマンションについては、一度でなく、タイミングを変えて、何度か足を運んでおくとよいでしょう。

家族に小さな子どもやお年寄りがいるなら、雨の日の道の様子なども知っておけば、なお安心。夜間の人通りや明るさにも注意したいところです。

現地チェックには、なるべく家族揃って出掛けましょう。男性と女性、大人と子どもでは見る目が違うものです。みんなで行けばたくさんの情報が得られますし、それぞれの立場から、住み心地について話し合うことができます。

また、子育てや介護のためには、学区や保育園の状況、福祉施設や支援制度などのサービスについて役所で調べておくとよいでしょう。

# 建物の構造はリフォームの自由度・住み心地に関わる

## 「わからない」で済ませずに、積極的に情報を求めよう

3章でも述べたように、マンションの構造によって、リフォームの自由度は異なります。リフォームを前提にマンションを買うのなら、構造のチェックは欠かせません。

ラーメン構造と壁式構造とでは、一般的にいって、前者のほうが間取りを変えやすいといえます。ただ、ラーメン構造の多くは、柱や梁が室内に出っ張っているのが難点といえば難点。リフォームに際しては、これを上手に利用してデッドスペースを生かす方法を専門家と相談したいものです。比較的新しいマンションでは、「逆梁工法」といって、室内に梁が出っ張らないように工夫しているものもあります。

いっぽう、壁式構造は柱や梁の出っ張りが少ない反面、専有部分の中にも手を加えられない構造壁が配置されていることがあります。この構造壁の位置に応じて、リフォームの可能性を探ることになります。

構造の次に大事なのが床下と天井の構造。とくに床下には給排水の配管が通っていますから、水回りの位置に影響します。構造体のコンクリートスラブ（以下スラブ）とフローリングなどの床仕上げの間に隙間がある「二重床」なら、キッチンや浴室の位置を動かせる可能性があります。

天井も、スラブに直接塗装やクロスで仕上げをした「直天井」より、スラブ下に空間を設けて二重構造にした「二重天井」のほうが、メンテナンスやリフォームに有利です。

年代の古いマンションは当時の生活水準に合わせて設計されているため、電気容量や給湯能力が不足する傾向があります。マンション全体の供給容量によっても各戸の割り当てが変わるので確認しましょう。また、

インターネット環境もポイントになるでしょう。

## 防音性能を確認してトラブルを避ける

マンションの住民間で、最も多いトラブルの一つが上下階の騒音問題です。もともとの防音性能が低いマンションは考えものです。

防音性能は、基本的にスラブや壁の厚さに比例します。最近の新築マンションでは、スラブ厚さは18センチ以上が標準的ですが、築年数の古いマンションでは、もっと薄い場合が少なくありません。できれば現地見学時に実際の音の響き方を確かめてみましょう。

リフォームにあたっては、管理組合で床材の遮音性能を決めているマンションが増えています。トラブル防止のためには合理的な方法といえるでしょう。

マンションを販売したときのパンフレットや管理組合が持つ建物の竣工図面などで、コンクリートの「かぶり厚さ」もチェックできます。これは、鉄筋がどのくらいの厚さのコンクリートで覆われているかを示すものです。コンクリートが厚いほど鉄筋がしっかり保護されて、建物全体の耐久性が高まります。

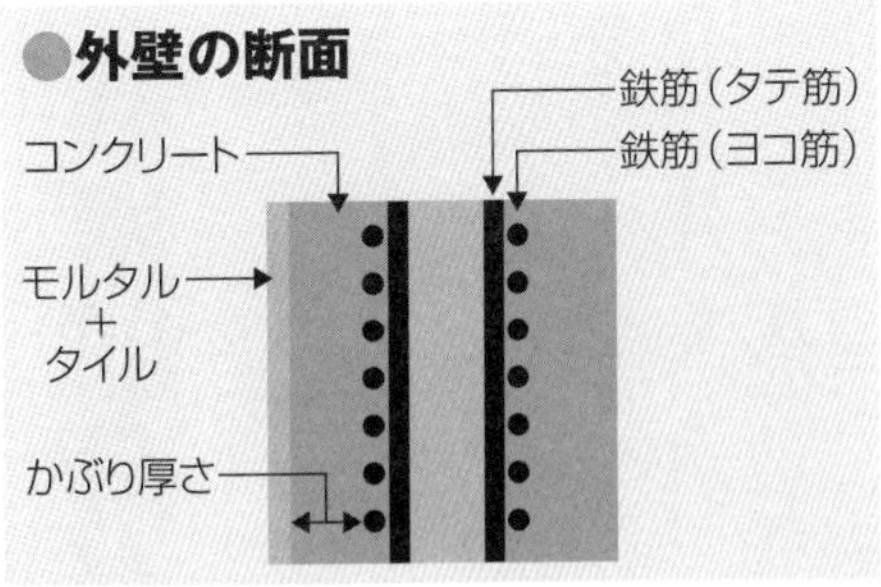

●外壁の断面

## 建物の外側のチェックも忘れずに

建物の老朽具合は、素人には判断が難しいところ。とはいえ、マンションの外側をじっくり観察しておくことは無駄にはなりません。中古だからこそ施工不良がわかることもあります。コンクリートのひび割れや剥がれがまったくなければ、安心材料の一つ。

逆に、築年数が比較的新しいのに、セメントの成分が溶け出して白っぽい汚れがたくさん発生していたり、ひび割れがあるようだと要注意。表面の細いひび割れ程度は大きな問題ではありませんが、太く深いひび割れができて壁の中に水が進入すると、鉄筋が錆び、建物が弱くなる原因になります。購入を決める前に、プロの診断を仰いだほうがよいでしょう。

# 共用部分が住み心地を左右する

## 自分の意思では変えられないから事前にチェック

エントランスやエレベーター、駐輪場やゴミの集積場など、共用施設の充実度や使い勝手は、毎日の生活の便に直結します。

住人みんなでお金を出し合って管理する、これらの施設を利用できることは、マンションならではのメリットです。同時に、みんなの合意がなければ改善することができないので、そのよしあしは、購入前にチェックしておきたいポイントです。

### エレベーターや駐車場を確認

住み心地にもセキュリティにも影響するのが、エレベーターと非常階段です。買おうと思う住戸との位置関係を確認しておきましょう。玄関先をほかの住人がひんぱんに行き来するような配置だと、プライバシーが気になるかもしれません。

また、エレベーターは各階停止とは限りません。古くて規模の大きいマンションだと、中間階や1階おきということもあるので、確認しておきましょう。

購入後、リフォームを行うときには、廃材の搬出や資材の搬入ルートは、工事のしやすさにも関わります。資材を運び込むのにクレーンを使う必要があるようだと、工期や費用に影響する可能性もあります。

さらに、自動車や自転車を持っていないとしても、駐車場・駐輪場の整備状況や料金については必ず確認してください。駐車料金は管理組合の財源ですから、マンションの住人全員に関わる問題なのです。

チェックポイントの第一は、住戸の数に対してどのくらい収容数があるか。利便性の高い場所にある中古マンションでは、駐車場設置率は低い傾向にあります。同時に、設置率１００％ならよいともいい切れません。

自動車の所有者が少ない場合は、管理組合の収入に響く可能性もあるからです。

実際に自動車を持っているなら、空きがあるかどうかが気になるところです。駐車場があっても、敷地内とは限りません。少し離れた場所の青空駐車場ということもあります。また、機械式の場合、入る自動車の大きさや重さが制限されます。

リフォームの際には、工事車両の駐車スペースが必要になります。マンション内の駐車場を使用できるかどうかを管理組合に確認しましょう。

●共用施設のチェックリスト

| | |
|---|---|
| 全体の住戸数 | 戸数 |
| 駐車場 | 台数 |
| | 屋内 or 屋外 |
| | 敷地内 or 敷地外（徒歩○○分） |
| | 機械式 or 平置き |
| 駐輪場 | 台数 |
| エレベーター | 基数 |
| | 停止階は? |
| トランクルーム | 室数 |
| ゴミ集積場 | 屋内 or 屋外 |
| その他の付帯設備 | 共用アンテナ・BS・CS |
| | 光ファイバー配線など |
| | オートロック |
| | 宅配ボックス |

駅から少し離れた場所にあるマンションでは、駐輪場の状況も見ておきたいものです。ファミリータイプなら、一戸一台分では足りないくらいでしょう。また、きちんと整理して停められているかどうかは、そのマンションの管理状態や住人のマナーを知るバロメーターの一つとなります。

## 防犯はあらゆる角度からチェックする

オートロックや防犯カメラなど、マンション全体のセキュリティの整備状況も気になるところ。正面のエントランスにはオートロックが設置されていても、敷地内の駐車場や外階段が無防備では困ります。チェックしておきたいポイントの一つです。

各住戸の鍵を防犯性能の高いものに換えたい場合は、管理組合の規約確認が必要になります。

ほか、共用施設としては宅配ボックスやトランクルーム、住人同士の集会室やラウンジなどが挙げられます。これら「プラスアルファ」の設備は、便利な反面、管理費などのコストアップにもつながります。ライフスタイルによって、重要度が異なるところでしょう。

# 管理規約と長期修繕計画も購入前に確認

## 長く住むには計画的な手入れが欠かせない

マンションを買えば、自分の住戸の持ち主になるのはもちろん、建物も敷地も含めたマンション全体を共有する持ち主の一人になります。エントランスや駐輪場などを利用できるだけでなく、その維持管理にも責任を持たなくてはならないわけです。

　日頃の掃除や修理の方法、使い方のルールなどは、マンションの持ち主全員によって構成される「管理組合」で話し合って決め、実行していきます。そのルールを文書にまとめたものが「管理規約」です。リフォームのルール（100ページ参照）のほか、管理費や駐車料金の管理方法や使いみち、共用施設の利用法、ペット飼育の可否などが決められています。

### 管理規約は定めが細かい方がいい

新築マンションでは、入居時に管理組合を結成するので、規約の決定に参加することができます（とはいえ、多くは分譲会社がひながたを用意しています）。

　けれども、中古マンションに入居するときは、規約は以前から住んでいる人たちによって決められています。もちろん、入居後に管理組合で意見を述べて変更することは可能ですが、ほかの住人の同意を得られるかどうかはわかりません。ですから、購入前に規約の内容を知っておくことが大切なのです。

　チェックポイントの一つは、管理費・修繕積立金・駐車料金などのお金の管理方法です。管理費と修繕積立金の口座が分けられていて、使いみちが細かく明文化されていることが大切です。

　また、ペットを買いたい人にとっては、ペット飼育に関する条項もチェックポイント。通常、管理規約に付随する「使用細則」に書かれています。

近年の新築マンションではペット可が当たり前になってきましたが、古いところでは不可になっていることも珍しくありません。ペット可でも、大型犬はだめなど、種類や大きさの取り決めがある場合もあります。

ペット不可のルールが有名無実化して、隠れて飼う人がいるようなマンションより、飼育のルールが細かく決められているほうが住みやすいといえるでしょう。

## 修繕計画を知らないと思わぬ出費も

建物の屋根や外壁、共用設備を定期的に補修・改修していくために定めるのが「長期修繕計画」です。場所によって劣化のスピードが違うので、部位別に工事の予定と費用を決めておかなければなりません。計画期間は少なくても20年分は必要です。

築10年以上のマンションなら、一度くらいは実際の劣化状況に応じて見直しがあることでしょう。計画の見直しや、実施した補修工事の内容が記録に残されているかどうかもチェックポイントです。

とくに、購入と同時にリフォームするためには、修繕計画の実施状況を調べておくことがとても大切になります。たとえば、近々、専有部分に影響する改修工事の予定はないかどうか。自分の住戸内のリフォームを済ませて間もないのに、マンション全体の配管工事に合わせて住戸内の一部もやり直さなくてはならなくなった、という例もあるからです。

また、専有部分の修繕、模様替え工事などに関する規定も確認しておく必要があるでしょう。これによりフローリングなど床仕様の規定や工事時間、申請と承認の方法などが決められています。

自分の住戸だけでなく、建物・敷地全体の状況を知っておくことは、長く暮らしていくためにも必要です。

### ●管理規約・長期修繕計画のチェックポイント

| 項　目 | ポイント |
|---|---|
| 管理費の名義 | 管理組合理事長名義であること |
| 収入の管理 | 管理費、修繕積立金、駐車料金が別々に管理されていること |
| 長期修繕計画 | 計画の有無<br>期間は15〜20年以上が目安 |
| 修繕工事の実施状況 | 築10年以上なら一度くらいは行われているはず |
| 修繕計画の見直し | |

# 現地見学の貴重なチャンスをしっかり生かす

## 現地見学は中古マンションの大きなメリット

建築前に売り出す新築マンションと違って、中古マンションのよい点は「現物」を見て買えることです。

138ページで解説した立地環境や建物の外側については、自分の都合に合わせて何度でも見に行けますが、建物の内部には、仲介業者や管理人、住人の立ち合いがなければ入れません。とくに、売り主がまだ住んでいる場合には、限られたタイミングでしか見られないのが普通でしょう。

ただ、この時に売り主である住人に住み心地を聞けることはとても参考になります。機器の使い勝手や間取りの使いにくい部分など、リフォームの優先順位がわかることもあるからです。

## マンション内のトラブルに注意

中古マンションを買う立場では、その住戸がなぜ売りに出されるのか気になるところです。仲介会社には、お客さまのプライバシーを守る義務がありますから、詳しく明かしてくれることは期待できません。現地見学に訪れて、売り主がいるときは、失礼にならない程度に、さりげなく聞いてみるとよいでしょう。転勤や帰郷、買い替えのためという答えなら、ひとまず安心できます。心配なのは、「住みにくくなったから売る」場合。近隣とのトラブルを抱えているとか、環境が悪くなったという理由だと、これから住む人にも無関係ではないかもしれません。

また、マンションでトラブルに発展しやすいのが音の問題です。現地で耳を澄ませてみるのはもちろん、売り主にもこれまでの経験を尋ねてみましょう。

上下階や両隣にどんな人が住んでいるかも知りたいところ。上の階に小さな子どもがいれば、多少の足音が聞こえてくるのは仕方ありません。音に対する感受性には個人差がありますから、あなたやあなたの家族の感覚や暮らしぶりを考えて検討しましょう。

音は昼より夜間のほうが聞こえやすく、周囲も在宅している人が多いので、可能なら、夜間に見学させてもらうのも一つの方法です。ただし、住んでいる人に失礼のないよう、心配りも忘れないでください。

## リフォーム会社の人も一緒ならベスト

売り主が住んでいる場合は、カーペットや家具などで、住戸の様子がわかりづらいかもしれません。必要な部分は売り主に断って寸法を測らせてもらったり、許されれば写真に残すことも必要でしょう。柱や梁の出や位置は間取り図と照合し、大きさなどを書き込んでおくとよいでしょう。購入後に間取り変更を伴う大がかりなリフォームを考えているのであれば、リフォーム会社の人にも一緒に見てもらえれば理想的です。

## 管理状態はマンションの価値につながる

買おうと思っている住戸だけでなく、エントランスや駐車場の実際の使用状況を見ておくことも大切です。オートロックのマンションでは、勝手に入り込むことはできませんから、住戸の見学とは別に、仲介会社から管理人に取り次いでもらうとよいでしょう。

管理人は、そのマンションの住人の様子をよく知っているはずです。駐輪場の使い方やゴミの出し方などのマナーなどを尋ねてみるのもよいでしょう。

また、自分自身の目で、駐輪場や郵便受けの整理状態、掲示板の掲示物などを見ておくのも参考になります。日付の古いチラシが張ったままになっていたりするのでは、管理状態に疑問が残ります。

### ●現地見学のチェックポイント

| | | |
|---|---|---|
| 売り主に聞く | 売却理由 | |
| | 近隣住人との関係 | |
| 住人に聞く | 上下階の音 | |
| | 設備機器や間取りの使い勝手 | |
| | リフォーム歴 | |
| | 老朽具合 | |
| 管理人に聞く | 住人の雰囲気 | |
| | マナー | |
| 現地で調査する | 共用部分の整理状況 | 掲示板・郵便受け |
| | | 駐輪場 |
| | | ゴミ集積場 |

# 最初の山場、マンションの売買契約は慎重に

## 重要な書類は事前にもらって読んでおく

気に入った中古マンションを見つけ、建物や管理もよさそうだとなったら、いよいよ購入に向けた手続きに入ります。

住宅の売買では、契約を結ぶ前に、「宅地建物取引主任者」の資格をもつ人が、取り引きに関わる大切な内容について、書面を前に説明を行うことが義務づけられています。これが「重要事項説明」で、その書面が「重要事項説明書」です。そこには権利関係や法的な規制、代金の支払い方法や契約解除の規定などが事細かに書かれていて（次ページ表参照）、不動産取り引きに慣れていない人が初めて読むにはかなり重たい内容です。できることなら契約の前にもらっておいて、じっくり読み込んでおきたいものです。

## 契約書の中でとくに大事なポイント

売買契約書は、本体は紙一枚だけのことが多く、細かい取り決めは別紙や裏面の「契約約款」に書かれています。法律の条文のようで読みにくいでしょうが、一生に一度か二度の大きな買い物を決める内容ですから、おろそかにはできません。

最初にしっかり確認したいのは、やはり「代金」です。金額はもちろんのこと、とくに中古マンションの場合は、そのなかに「何が含まれているのか」を確かめておかないと、あとで問題になることがあります。たとえば、エアコンは含まれているのか、それとも売り主が取り外して持っていくのか。きちんとした契約書なら「付帯物リスト」がついているはずです。

また、代金、手付け金の額と支払い方法、支払い時期も重要です。ローンがおりる時期と食い違いがないか確認をします。売り主が不動産会社の場合は、手付

### ●重要事項説明書の項目

| | |
|---|---|
| 対象物件に関する事項 | 所有権や抵当権など登記簿に書かれていること |
| | 売買にあたり表示する面積 |
| | 都市計画法や建築基準法にもとづく制限事項 |
| | 私道負担に関する事項 |
| | 上下水道、電気、ガスなどの整備状況 |
| | 土地、建物の権利及び管理に関する事項 |
| | 過去の修繕実施状況に関する事項 |
| 取引条件に関する事項 | 契約解除となるケースやその手続き方法 |
| | 損害賠償、違約金の取り決め |
| | 手付け金の保全方法 |
| | ローン不成立の時の措置 |

### ●契約書類の重要項目

| | |
|---|---|
| 契約書 | 物件の所在地・面積 |
| | 代金の支払い方法と時期 |
| | 登記、引き渡し時期、当事者氏名・住所 |
| 契約約款 | 手付け金の額と支払い時期 |
| | 抵当権の抹消 |
| | 公租公課の分担 |
| | 解約に関する事項 |
| | 瑕疵担保責任 |
| | 損害賠償 |
| | 住宅ローン条項 |

け金は代金の20％以下と決められています。

万一、ローンが受けられなかったときは、契約解除し、手付け金を返してもらう約束が「ローン特約」です。この条項が入っていることも確かめておきましょう。

また、「公租公課の分担」は、売り主との間で、マンションの税金をどう分担するかを決める項目です。固定資産税や都市計画税（157ページ参照）は、毎年1月1日時点の所有者に課せられる税金です。年の途中で購入する場合には、所有期間に応じて按分するのが一般的です。

## 住んでから欠陥がわかったら？

契約時にはわからなかった欠陥や不具合が見つかったとき、その賠償を請求できる期間を「瑕疵《かし》担保期間」と呼び、契約書に書き入れます。売り主が不動産会社の場合は、この期間を「2年以上」に設定しなければならないと決まっていますが、個人の場合は雨漏りやシロアリ、給排水管の故障についてのみ「3カ月」とするのが一般的。設備については引き渡し完了から7日以内に請求した場合に限定されます。

# リフォームの依頼から工事契約まで

## 希望と予算を隠さずきちんと伝えておく

マンションの引き渡しを受けたら、今度はリフォームの実行です。早くからリフォーム会社を決めている方は、引き渡しの前から工事の打ち合わせを進めておき、引き渡し後に工事内容を最終確認して工事スタート、という運びになるかもしれません。

　その場合は少し遡ることになりますが、ここでは、リフォームを依頼するにあたってあなたがしなければならないこと、工事までの手順をおさらいしておきましょう。

### 願いを伝えることからスタート

　最初の打ち合わせでは、おおまかな予算や要望を伝えます。とくに資金額は、早めに検討しておくと、プランがスムーズに進みます。また、現地調査のときに、建物の図面と管理規約が揃っていると、リフォームでできること、できないことがはっきりわかるので、より的確な提案が受けられます。

　リフォームの対象となるマンションの現地調査以外に、今住んでいる家を見てもらうのもよいことです。実際の暮らしぶりをもとに話し合えば、要望を具体化することがたやすくなりますし、新しい住まいに持っていく家具を採寸してプランに盛り込んでもらうこともできます。また、収納計画を立てるために、手持ちの衣類や書籍などの量を確認しておくとよいでしょう。

　打ち合わせでは、同居する家族の人数や年齢はもちろん、在宅時間や食事のしかた、休日の過ごし方、それぞれの趣味まで細かく尋ねられるかもしれません。また、新しい住まいに望むことがあれば、積極的に話しておいたほうがプランの幅が広がります。どんな小さな要望でもメモを取り、真摯に聞いてくれるリフォーム会社なら、その後の打ち合わせがスムーズに進み、プロならではの思いがけない提案をしてくれることもあるでしょう。初めから「無理だろう」と決め込んだり、予算が少ないからと遠慮したりする必要はありません。

インテリアのスタイルや色合い、雰囲気については、カタログや雑誌の切り抜きなどを用意しておくとイメージが伝わりやすくなります。「こんな家具を入れたい」「こんなカーテンをかけたい」など、断片的な情報でもかまわないでしょう。

### ●リフォームの打ち合わせ時に用意しておくもの

- 間取り図などの現況図面
- 管理規約
- リフォームの要望リスト　＊本書の付録を活用！
- 家具や照明器具など新居に持っていくものリスト　＊寸法を測っておく。写真があるとなおよい
- イメージを伝えるカタログや雑誌などの切り抜き
- 予算　＊手元資金と、月々支払える金額の目安

要望を伝えて現地調査を済ませたら、次の回ではラフプランと概算見積もりが提示されるのが一般的です。

リフォームする物件や工事の規模にもよりますが、この内容に納得できたら、具体的な設計に入る前に「設計契約」を結ぶこともあります。

ここからは設備機器を決めたり、家具や照明器具の配置、床や壁の仕上げ材料などを細かく決めていきます。できれば、この間には何度かショールームで実物を確かめられるように日程を組んでおきたいものです。

打ち合わせが進んでくると、マンションの構造や面積、予算などとの関係で、何を選んで何を諦めるか、選択しなくてはならない場面もあります。家族の間でよく話し合って意見を調整し、優先順位を決めておけば、あまり迷わなくて済むでしょう。

プランが確定したら、工事の指示書となる「実施設計図」を作成します。図面を見ることに慣れていない方には多少難しいかもしれませんが、工事内容を決定する大切な資料ですので、必ず目を通し、わからないこと、気になることは、どしどし尋ねるべきです。あいまいなまま過ごして、いざ工事に取りかかってから変更しなくてはならないようなことになると、工期や費用に影響を及ぼす可能性があります。

工事内容と工事費用に十分納得したうえで、工事契約を結びます。

# 中古マンション購入&リフォームにかかる費用

## 購入代金や工事費以外にもお金がかかる

前項で、リフォームの打ち合わせの時には予算についても心づもりをしておきましょう、と述べました。しっかりしたリフォーム会社なら、予算の総額を伝えれば、諸費用も見込んだ提案を行ってくれることでしょう。

ただし、購入からリフォームまでの全体を通して考えるなら、あなたご自身で、費用についてあらかじめ把握しておくに越したことはありません。

住まいを手に入れるためには、マンションの購入代金やリフォーム工事代金だけでなく、関わってくれる人たちの手数料や税金などの諸費用も必要です。その多くは現金で用意しなければなりません。その内容をひととおり説明しておきましょう。

### 中古マンション売買にかかる費用

●**印紙代**：契約書には金額に応じた印紙を貼らなくてはなりません。ローン契約や工事契約も同様です。

●**仲介手数料**：中古マンションを購入するときには、売買契約時に仲介手数料を支払わなくてはなりません。金額は、売買価格４００万円以上の場合「物件価格の３％＋６万円＋消費税」です。これは法律で決められた上限額です。

### ローンを組むために必要な費用

●**印紙代**：借入額に応じた金額です。ローンが複数になった場合は、それだけ余分にかかります。

●**事務手数料**：申し込み金額に関係なく、「一件いくら」と決まっています。これも、複数のローンを申し込めば、それだけ費用がかかると考えておいたほうがよいでしょう。

●**ローン保証料**：連帯保証人に代わって債務を保証する機関に支払う費用です。料金はローン金額が大きいほど、返済期間が長いほど高くなります。銀行によっては、一括前払いではなく、返済金利に含める方法も選べます。

●**団体信用生命保険料**：万一の時にローンの残債と相殺するための保険です。銀行によっては医療保障特約をつけたり、ほかに「ローン返済支援保険」などを用意していることもあります。

●**火災保険料**：マンション購入ローンには加入が義務づけられています。

●**登記費用**：抵当権設定の際には税金と、手続きを代行する司法書士の報酬もかかります。

## リフォームから入居までにかかる費用

●**印紙代**：リフォーム工事請負契約の印紙代です。

●**近隣挨拶**：工事中に迷惑をかけるお宅に挨拶に伺うための手土産代など。

●工事車両の駐車場代。

●粗大ゴミの処分費用、家電リサイクル費、引っ越し費用。

ほか、購入後には不動産取得税が、所有期間中は固定資産税と都市計画税がかかります。税金に関しては、軽減措置なども設けられていますから、１５６ページでもう一度詳しく説明します。

### ●マンション購入&リフォームの諸費用

| | |
|---|---|
| **売買契約費用** | 印紙代 |
| | 仲介手数料 |
| **ローン費用** | 印紙代 |
| | 事務手数料 |
| | ローン保証料 |
| | 団体信用生命保険料 |
| | 火災保険料 |
| | 抵当権設定登記費用 |
| **リフォーム費用** | 契約書印紙代 |
| | 近隣挨拶費用 |
| **引っ越し費用** | 粗大ゴミ処分費 |
| | 梱包費·運送費 |
| **入居後** | カーテン·照明器具·家具購入費 |
| | 不動産取得税 |
| | 固定資産税·都市計画税 |

# 購入とリフォームに使えるローンの種類を知っておく

## ●リフォームには使えないローンもある

マンション購入と同時にリフォームを行うなら、ローンも1本にまとめたほうが合理的といえます。けれども、マンション購入時にはリフォームの金額が決まらないため、実際には購入だけ・リフォームだけでローンを組むことが大半です。ここでは、ローン選びの基礎をまとめておきましょう。

### 固定金利の「フラット35」は購入専用

かつて「住宅ローン」の代表格だった住宅金融公庫融資はなくなってしまいましたが、代わりに民間金融機関を窓口とした「フラット35」が登場しました。公庫融資と同様に、最長で35年間金利が変わらない「固定金利型」です。将来も返済額が変わらないので、返済計画が立てやすいのが利点です。ただし、「フラット35」は購入のみを対象としており、リフォーム資金に利用することはできません。

各金融機関独自の住宅ローンは、購入にもリフォームにも使えるのがふつうです。独自に「長期固定金利」を用意するところが増えているほか、一定期間金利を固定する「固定金利選択型」のローンもあります。これは、原則は変動金利なのですが、特約を結んで一定期間だけ金利を固定するというものです。固定期間が終わったあとは、その時点で再び固定するか変動金利に戻るかを決めることができます。固定期間も1年、2年という短期から15年、20年の長期まで、たくさんの選択肢があります。

### リフォーム専用ローン・公的ローン

返済期間が長く設定できれば、それだけ毎月の返済負担は減ります。通常の住宅ローンでは、最長返済期

●都市銀行の「リフォームローン」比較

| 銀 行 | 商品名 | 担保 | 最高融資額 | 最長返済期間 | 金 利 |
|---|---|---|---|---|---|
| 三菱東京UFJ銀行 | リフォームローン | 無 | 500万円 | 10年 | 変動金利･固定金利 |
| | スーパーリフォームローン | 無 | 1000万円 | 15年 | 変動金利 |
| 三井住友銀行 | リフォームローン | 無 | 1000万円 | 15年 | 変動金利 |
| りそな銀行 | りそなリフォームローン | 無 | 500万円 | 10年 | 変動金利･固定金利選択型 |
| みずほ銀行 | みずほリフォームローン | 無 | 500万円 | 10年 | 変動金利･固定金利 |

※ここでは、「リフォーム」と銘打った商品のみ取り上げました。（2008年4月時点）
各行とも、有担保の住宅ローンをリフォーム目的で借りることができます。

間は35年ですが、完済時の年齢によって制限されることを念頭に入れておきましょう。また、一般的な無担保のリフォーム専用ローンは、返済期間が15年または10年と住宅ローンより短く設定されています。さらに返済期間の長い担保設定型のリフォームローンもあり、大規模な工事などに利用できます。

サラリーマンで財形貯蓄を行っている人なら、財形住宅融資を購入資金やリフォーム資金に利用することができます。1年以上貯蓄を続けており、残高が50万円以上あれば、残高の10倍まで（最高4000万円・所要額の80％まで）の融資が受けられます。

財形融資は5年ごとに適用金利を見直す5年固定金利制で、金利水準が低く、融資手数料がかからないのが魅力です。ただし、購入するマンションやリフォームの内容などに条件が定められています。

また、60歳以上の人がバリアフリーリフォームを行う場合には、一定の条件を満たせば住宅金融支援機構による「リフォーム融資」が受けられます。融資限度額は500万円。月々の返済を利息のみに抑え、元金は死亡時に一括返済する「高齢者向け返済特例制度」を利用することができます。

# 課せられる税金の種類と額を知っておく

## 購入を決める前に課税の条件を知っておきたい

住まいを購入するときには各種の税金が課せられます。他方で、所得税が控除される特典が受けられることもあります。

これらの税金は、購入や工事の金額、住まいの条件によって金額が変わります。さらに、優遇措置には期限が限定されているものもあります。資金計画やスケジュールに関わるので、あらかじめその概要を理解しておきたいものです。ここでは、どの時点でどんな税金がかかるのか、順番に見ていきましょう。

●**印紙税**：契約を結ぶとき契約書に貼る収入印紙の代金のことです。売買契約とローン契約のほか、リフォームの工事請負契約にも必要です。税額は、契約書の種類と金額によって決められています。

●**消費税**：マンションの場合、価格のうち建物部分にかかりますが、売り主が個人の場合は対象外。また、仲介手数料、司法書士報酬には売り主に関係なく消費税がかかります。

●**登録免許税**：マンションを買ったら、「所有権移転登記」を行います。また、マンションに担保を設定してローンを借りるためには「抵当権設定登記」が必要です。このとき支払うのが「登録免許税」。

「所有権移転登記」の登録免許税額は不動産の価額に税率を掛けて税額を計算しますが、もとになるのは実際の購入価格ではなく、市区町村長が定める「固定資産税評価額」です。「抵当権設定登記」の税額はローン借入額で計算します。

## ●印紙税の税額

<table>
<tr><th>記載金額</th><th>売買契約</th><th>工事契約</th><th>軽減措置※</th><th>ローン契約</th></tr>
<tr><td>1万円以上10万円以下</td><td>200円</td><td rowspan="3">200円</td><td rowspan="7">なし</td><td>200円</td></tr>
<tr><td>10万円以上50万円以下</td><td>400円</td><td>400円</td></tr>
<tr><td>50万円超100万円以下</td><td>1000円</td><td>1000円</td></tr>
<tr><td>100万円超200万円以下</td><td rowspan="3">2000円</td><td>400円</td><td rowspan="3">2000円</td></tr>
<tr><td>200万円超300万円以下</td><td>1000円</td></tr>
<tr><td>300万円超500万円以下</td><td>2000円</td></tr>
<tr><td>500万円超1000万円以下</td><td>1万円</td><td>1万円</td><td>1万円</td></tr>
<tr><td>1000万円超5000万円以下</td><td>2万円</td><td>2万円</td><td>1万5000円</td><td>2万円</td></tr>
<tr><td>5000万円超1億円以下</td><td>6万円</td><td>6万円</td><td>4万5000円</td><td>6万円</td></tr>
<tr><td>1億円超5億円以下</td><td>10万円</td><td>10万円</td><td>8万円</td><td>10万円</td></tr>
</table>

※売買契約、工事契約について2009年3月末までに作成された場合

**●不動産取得税**：文字通り、不動産を取得したときにかかる地方税です。固定資産税評価額に一定の税率を掛けて計算します。

住宅については軽減措置があり、固定資産税評価額から一定の金額が控除されます。

軽減が受けられる条件の一つに「面積50㎡以上」がありますが、この場合の「面積」とは「登記簿面積」であることに注意してください。登記簿面積は、専有部分の「内法」で計算します。広告に載っている面積は「壁芯」で測っているので、登記簿面積よりやや大きくなっています。壁芯面積が50㎡ぎりぎりだと軽減が受けられない可能性があります。

また、中古マンションでは、築25年を超えていて、耐震診断が行われていないと対象から外されます。築年が1997年4月1日より前の場合、建築時期に応じて控除額が少なくなる点も注意が必要です。

**●固定資産税・都市計画税**：毎年1月1日時点で不動産を所有している人に課せられる税金です。年の途中で売買した場合は、引き渡し日より前については売り主が、引き渡し以降の分は購入した人が負担します。

# ローンを利用すれば戻ってくる税金もある

## 購入＆リフォームのあとは確定申告を忘れずに

ローンを利用して自宅を購入したり、リフォームを行った場合には、いわゆる「住宅ローン減税」（住宅ローン控除の特例）が受けられます。これは、住宅ローンを借りて確定申告を行えば、ローン残高に応じて所得税が戻ってくるという制度です[※1]。

控除対象になるローンの残高は２０００万円まで。控除期間は10年間か15年間のいずれかを選択することができ、期間によって控除率が異なります（次ページ表参照）。また、マンションの登記簿面積が50㎡以上であること、控除を受ける年の合計所得金額が３０００万円以下であることなどの条件があります。

リフォームローンの場合は、工事費額が１００万円を超えていることも条件の一つです。

### バリアフリー改修促進税制

家族に50歳以上の方か要介護または要支援認定を受けている方、障害者の方がいらっしゃる場合には、「バリアフリー改修」を促すための税金の特例が受けられる可能性があります。

これは、トイレや浴室をバリアフリー化したり、廊下に手すりを付けるなど、特定の要件を満たしたリフォーム工事に関して認められる特典です。前述の「住宅ローン減税」について、より控除率の高い選択肢が与えられます（表参照）。

また、これとは少し要件が異なりますが、固定資産税にも減額措置があります。２００７年１月１日以前に建てられた住宅で、年齢要件は65歳以上。条件を満たせば、１００㎡相当分までの固定資産税が３分の１に減額されます[※2]。

### 【所得税】住宅リフォーム・ローン減税と住宅のバリアフリー改修促進税制

| | 住宅リフォーム・ローン減税 | | バリアフリー改修促進税制 |
|---|---|---|---|
| 控除期間（選択制） | 10年間 | 15年間 | 5年間 |
| 控除率 | 1~6年目：1.0% | 1~10年目：0.6% | 2.0%（バリアフリー改修工事以外の部分は1.0%） |
| | 7~10年目：0.5% | 11~15年目：0.4% | |
| 控除対象になるローン残高の上限 | 2000万円 | | 200万円（バリアフリー改修工事相当分）<br>1000万円（増改築等工事全体） |
| ローン返済期間の要件 | 10年以上 | | 5年以上 |
| 工事費の要件 | 100万円超 | | 30万円超（補助金等を充てる部分を除く） |
| 死亡時一括償還 | 対象外 | | 対象 |

*平成20年の住宅リフォーム・ローン減税については、控除期間10年間の制度か15年間の制度を選択できます

## 両親からの援助には贈与税の特例も

マンションを買うとき、両親から資金援助を受ける方もいらっしゃるでしょう。通常は、親からであっても年間１１０万円を超えるお金をもらえば、そのたびに「贈与税」が課せられます。

けれども、20歳以上の方なら、65歳以上の父または母から受け取る資金について、「相続時精算課税」を選択することができます。この制度を利用すると、贈与の累計金額が２５００万円に達するまでは非課税となり、２５００万円を超える部分の税率が一律20%になります。贈与された資金は、相続が発生した時点で相続財産に加算し、相続税と精算する仕組みです。

贈与を受けたお金がマイホームの購入資金であれば、２００９年12月31日までに入居すれば、非課税枠が１０００万円上乗せされる特典があります。この場合、親の年齢は65歳未満でもかまいません。

なお、この特例を利用する場合は、贈与税がゼロでも贈与税の申告が必要です。

※1：2008年12月31日までに入居した人だけが対象、という期限付き
※2：2009年度末までの期限付き
期限延長などの最新情報に関しては、国税庁ホームページなどで調べるか、各自治体の窓口に各自お問い合わせください

# おわりに

## 中古マンション物件を選ぶ

中古マンションにターゲットを絞って、マイホームを探す層が広がっています。「はじめに」で紹介した若者は、都心に見つけたヴィンテージ風のマンションを私がどう思うか、わざわざ会社まで来て感想を求めてきました。築30年以上も経つマンション。「なぜ自分がここなら住みたいと思ったのか?私に分析してほしい」という依頼でした。不動産業を仕事としているわけでもない私は返答に困りましたが、一緒に考えてみることにしました。

不動産を購入するには、いざというときに売却できることが大変大事ですが、まず自分が「住みたい!」と思う物件であることがポイントです。「何よりも好きな場所で、思いのままのデザインで暮らす」この期待感が彼を突き動かしているのでしょう。そんな流れの中にリフォームを前提として中古住宅を選択する、新たな物件選びが始まっています。

## 家は一生に一度の買い物?

中古住宅購入に躊躇している人と話す機会がありました。どうして選択肢から外しているのか聞いてみると、「家という一生の買い物をするのに、前に住んでいた人の生活感が残っているのが気になって」とのことでした。この言葉に二つの疑問がわきました。まずスケルトンリフォームの可能性を正確に知っていれば、マンションにおいて先住者の生活感を感じることはほとんど考えられないことです。また、この方はまだ30代前半なのに一生に一度の買い物となぜ決めつけているのでしょうか。これから日本の中古の流通市場が拡大し、住まいとして良好で資産としても優れている中古物件が多く出回ってくるでしょう。

あと50年以上あるかもしれない人生の中で、自分にとっての良好な家の価値観は年を経るにしたがい大きく変わります。子育て期には何よりも緑のある広い家をと思っていても、高齢者になった時点では大きな家が重荷になり、広い庭よりも駅に近いことや買い物に便利なことが優先されるかもしれません。家が長持ちする時代ではありますが、同時に一つの家に縛られない時代でもあるのです。30代前半にして一生に一度と考えることこそ人生をつまらなくさせているかもしれません。

国土交通省も分譲マンションの管理制度を抜本的に見直し、マンション管理の適正化をはかる方向にあります。今後は家を売り、買い、そして移り住むことを念頭に置いたとき、価格面と選択肢の広さと安心感を持って、「中古を買ってリフォーム」する住宅物件が大きく視野に入ってくることでしょう。

## 「中古を買ってリフォーム」の新たな可能性

総務省の「住宅・土地統計調査」（２００３年）によると、住宅数と世帯数の割合は住宅数が年々上回り続け、世帯数１件に対して、住宅数は１・１４軒となっています。数字の上では10世帯に一件は家を２つ持っている時代になっているともいえます。

バカンス王国フランスではすでにセカンドハウス保有率は約10％だとか。別荘やウィークリーハウスなんて富裕層のものと決めつけて考えていた時代から、考えようによっては中古を買ってリフォームで複数所有も可能な時代になってきました。大きな郊外の戸建もいいですが、都心のマンションと山小屋または海の家を持つ暮らしも魅力です。ペットを飼っているために家を離れられないと思っている方や、独立した子どもたちや孫と週末ぐらいは一緒に過ごしたいと思っている方にもおすすめです。

私の友人も東京と蓼科を行き来して暮らしていますが、「人に話すと、どこぞのお金持ちの話？　と思われるけど、全然違うことはあなたも知っているでしょ」と明るく笑って言います。「中古を買ってリフォーム」は、そんな暮らしの場を自由な発想で広げ、新しい住まいの獲得法として、今後ますます注目されてくるでしょう。

## なぜ中古マンションを購入するのか

前述した若者は、なぜ中古のマンションを購入するのでしょうか？　本人が語った言葉にその答えがあります。「僕はヨーロッパの街並みが好きで、なぜかというと、古いものを上手に使いこなし作り上げることができる点が、いいなと思うんです。いろいろな物件を見ましたが、新しい物件を見れば見るほど、暮らし方が決まっていて、自分で変えていける気がしないんです。僕は一つ一つ、家をそして暮らしを作っていきたいと思っています」。

私は、熱く語る彼に一般的によいと言われる物件例と、よくいわれるマンション購入のチェックポイントを示しましたが、なによりも本人が「僕は通常とか、普通とかいう基準で判断する人間ではないと思っています」と語りました。

感じのいい好青年にそういわれると不思議な気もしましたが、自分流の住まいを正面から見据える彼は、立地にこだわりながらも、住みたいと感じた感性を生かして、きっと納得のリフォームを成功させるであろうと確信しました。そしてマンション購入後も我が家をライフスタイルや家族構成の変化に合わせて、住みやすく変えていくことでしょう。

### 永く住み継ぐために

賃貸ではなく、マイホームを持つ絶対的な魅力は、家を自由に変えられることです。家を持ったその時から家づくりはスタートします。子育て期に購入したマイホームも、子が巣立てば、夫婦二人だけの住まいになります。やがては一人暮らしとなる日も来るでしょう。そのとき、４人家族のスタイルで築かれた家は、はたして今の二人暮らしや一人暮らしの住まいに合った家といえるでしょうか。人生の再スタートを考えたとき、コンパクトな暮らしに憧れ、リフォームを考える人も多くなりました。その時、自分の生活を家に合わせるのではなく、暮らしに合わせて家を変えていくことが求められています。

２００６年に住生活基本法が制定されたのを契機に、いわゆる長期優良住宅構想の下、既存住宅の有効活用が叫ばれています。国の政策の基本方針を示す重要なものとして制定されたことで、今や日本の住宅は「量から質へ」大きく方向転換されました。住まいを持つことも、住まい続けることも、ともにより身近になってきています。

本書をとおして、暮らしに合わせて家を選び、リフォームする方法に注目していただければ幸いです。

西田恭子

# 付録「中古マンション購入×リフォーム」チェックリスト

**「中古マンション購入×リフォーム」を成功させるには、**
**自分の目と足で確かめことが大切です。さまざまな情報を自分でも集めるように心掛け、**
**物件購入時やリフォームの際の判断材料としてください。**

## 中古マンション購入チェックリスト

### 資金計画

■ 物件価格　(　　　)万円 ＋ 諸費用(　　　)万円

■ 自己資金　(　　　)万円 ＋ ローン(　　　)万円

■ リフォーム費用　(　　　)万円

■ 自己資金　(　　　)万円 ＋ ローン(　　　)万円

### 立地環境

■ 交通利便性　最寄り駅(　　　　　)から徒歩(　　　)分　バス(　　　)分

■ 生活環境
- 日常の買い物　□便利　□不便
- 病院・診療所　□近い　□遠い
- 区・市役所、町・村役場　□近い　□遠い
- 図書館　□近い　□遠い
- その他の文化施設　(　　　　　)　□近い　□遠い
- (　　　　　)　□近い　□遠い
- 公園　□近い　□遠い
- 騒音　□静か　□うるさい

### 建物性能

■ 築年数　(　　　)年 (　　　)月竣工

■ 構造　□ラーメン構造　□壁式構造

□外壁にクラックなどがない　□床のスラブ厚が18cm以上ある

□床や天井の構造が二重になっている(配管や配線が移動しやすいか)

□電気容量が40A以上ある(足りなければ増やすことは可能か)

□給湯器の能力が十分(足りなければ増やすことは可能か)　□ドアやサッシの開閉がスムーズ

□サッシ廻りの結露がない　□天井クロスにシミなど水漏れの跡がない

□日当たりがよい　□通風が確保できる

## 住戸

間取り＿＿＿＿＿＿

専有面積＿＿＿＿＿m²　　バルコニー面積＿＿＿＿＿m²　　専用庭＿＿＿＿＿m²

天井高＿＿＿＿＿m　　階高＿＿＿＿＿m

■ 共有施設

- □ 駐車場が確保されている
- □ 駐輪場が確保されている
- □ エレベーターの台数が十分、運転に問題はない、清掃されている
- □ トランクルームがある
- □ ゴミ集積場がある、マナーが守られている

## 管理

- □ エントランスが清掃されている
- □ 掲示板にきちんとお知らせが掲示されている
- □ 大規模修繕はきちんと計画されている
- □ 総会、理事会の開催が活発で、出席状況もよい
- □ リフォームの管理規約が決められている（□ フローリングに変更可能）

### ●マンションのメンテナンスサイクル

一般的なマンションの修繕サイクルを把握しておきましょう。
物件購入時には「長期修繕計画」や実施状況を調べておくことが大切になります。

| 部位 | | 5年 | 10年 | 15年 | 20年 | 25年 | 30年 |
|---|---|---|---|---|---|---|---|
| 共用部分 | 屋根防水 | | | 改修 | | 計画修繕のタイミングを考慮 | |
| | 外壁 | | 塗装・改修 | | | | |
| | 給水設備 | | | | 更新 | | |
| | 雑排水設備 | | | | 更新 | | |
| 専有部分 | ユニットバス | シーリング 点検補修 | シーリング 点検補修 | 本体交換 | シーリング 点検補修 | シーリング 点検補修 | 本体交換 |
| | キッチン | 部品　点検交換 | 機器　点検交換 | 部品　点検交換 | 本体交換 | 部品　点検交換 | 機器　点検交換 |
| | トイレ | 部品　点検交換 | 温水洗浄便座交換 | 部品　点検交換 | 本体交換 | 部品　点検交換 | 温水洗浄便座交換 |
| | 内装（クロス） | | 貼り替え | | 貼り替え | | 貼り替え |
| | フローリング | 部分補修 | 部分補修 | 部分補修 | 部分補修 | 状態に応じて貼り替え | |

出展：住宅産業協議会「マンション管理の知識」

# リフォームチェックリスト

## 家族構成

□ 本人

□ 配偶者

□ 子供　（　　　）人

□ 親　　（　　　）人

□ ペット（　　　）

□ その他（　　　　　　　　　　　　　　　）

## 暮らし方チェック

| | | | |
|---|---|---|---|
| ① 家族と一緒に過ごすことが | □ 多い | □ 少ない | |
| ② 主に団らんする場所は | □ リビング | □ ダイニング | □ キッチン |
| | □ その他（　　　　　　　　　　） | | |
| ③ 家族で一緒に料理をすることが | □ 多い | □ 少ない | |
| ④ 食事は家族揃ってすることが | □ 多い | □ 少ない | |
| ⑤ 来客や泊り客は | □ 多い | □ 少ない | |
| ⑥ 家族それぞれ趣味を | □ 持っている | □ 持っていない | |
| ⑦ 衣類や寝具など収納するものが | □ 多い | □ 少ない | |
| ⑧ 今後住替えの予定が | □ ある | □ ない | |
| ⑨ 今後家族が増える予定が | □ ある | □ ない | |

（子供の誕生や親や子供と同居の可能性など）

## リフォームへの要望

■ 間取り変更を希望する

① 変更したい箇所　□ 全面的な改装　□ リビング　□ キッチン　□ 主寝室

□ 浴室　□ 洗面室　□ トイレ

□ その他（　　　　　　　　　　　　　　　　）

② 必要な個室数について　□ 主寝室　□ 洋室（　　　）室　□ 和室（　　　）室　□ 書斎

□ その他（　　　　　　　　　　　　　　　　）

③ キッチンのスタイル　□ 独立型で料理に専念、キッチンを見られたくない

□ 対面式で家族の様子を感じながら料理をしたい

□ オープンで、家族と一緒にキッチンで料理をしたい

■ 設備機器交換を希望する

交換する設備と希望の機能など　例：収納量の多いシステムキッチン

□ キッチン　（　　　　　　　　　　　　　　　　）

□ ユニットバス　（　　　　　　　　　　　　　　　　）

□ 洗面化粧台　（　　　　　　　　　　　　　　　　）

□ トイレ　（　　　　　　　　　　　　　　　　）

□ その他　（　　　　　　　　　　　　　　　　）

■ 内装替えを希望する

内装替えをする部屋と具体的な希望　例：床カーペットをフローリングに

□ リビング：壁／天井／床　（　　　　　　　　　　　　）

□ ダイニング：壁／天井／床　（　　　　　　　　　　　　）

□ キッチン：壁／天井／床　（　　　　　　　　　　　　）

□ 主寝室：壁／天井／床　（　　　　　　　　　　　　）

□ 洋室：壁／天井／床　（　　　　　　　　　　　　）

□ 洗面室：壁／天井／床　（　　　　　　　　　　　　）

□ トイレ：壁／天井／床　（　　　　　　　　　　　　）

□ 和室：壁／天井／床　（　　　　　　　　　　　　）

□ その他　（　　　　　　　　　　　　）

■ その他、リフォームに対する具体的な要望

■ 手持ちの家具や家電機器でリフォーム後も使用する予定のもの

■西田 恭子（にしだ きょうこ）
三井のリフォーム 住生活研究所 所長
日本女子大学住居学科卒。大手建設会社を経て「三井のリフォーム」で住宅リフォームを手掛けて20余年。全国184名（2008年4月1日現在）のリフォームプランナー組織デザインスタッフ会会長も務める。新聞・雑誌・書籍の執筆や、各種セミナーで講演を行い、テレビやラジオにもゲスト出演。インターネットサイト「All About Japan」のガイドも受け持つ。「住まいのリフォームコンクール※」では、理事長賞や総合部門優秀賞を受賞。文化女子大学非常勤講師・特別講師。一級建築士。
著書に『減築リフォームでゆうゆう快適生活』（アーク出版）、『リフォームで活躍する女性たち』（第一プログレス）、『リフォーム成功の素敵なレシピ』（グラフィック社）、『リフォームで永く住み継ぐツーバイフォー』（ニューハウス出版）などがある。
※住まいのリフォームコンクール（主催：財団法人 住宅リフォーム・紛争処理支援センター
後援：国土交通省）

■監修・資料提供　三井ホームリモデリング株式会社「三井のリフォーム」
三井ホームリモデリングは1980年（昭和55年）に創業。リフォーム会社として業界の先駆的な役割を果たしてきた。豊富な実績とともに、建築士の資格を持つ女性リフォームプランナーの提案力と確かな技術に根ざした施工力で、お客様のライフスタイルにあった快適な住まいづくりを提案してきた。現在、六本木・ミッドタウンや芦屋のモデルルームをはじめとして、全国でリフォームビジネスを展開。「住まいのリフォームコンクール※」において第1回からこれまで24年連続・通算84作品という業界最多の受賞実績を誇り、最高賞である国土交通大臣賞（旧建設大臣賞）の受賞も、通算3回の最多受賞実績を誇る（2008年4月1日現在）。

全国でリフォームセミナーを定期的に開催するなど、リフォームプランナーによるコンサルティングリフォームを推進している。

http://www.mitsui-reform.com　　0120-24-3131

■編集協力　萩原　詩子

# 「中古マンション購入×リフォーム」で理想の住まいを手に入れる！

2008年6月10日　初版発行

■著　者 西田　恭子
■発行者 檜森　雅美
■発行所 株式会社アーク出版
〒162-0843　東京都新宿区市谷田町2-7　東ビル
TEL.03-5261-4081　FAX.03-5206-1273
ホームページ　http://www.ark-gr.co.jp/shuppan
■印刷・製作所　新灯印刷株式会社


ISBN978-4-86059-064-2